Petra Altmann

ATEM HOLEN IM KLOSTER

Petra Altmann

Atem holen im Kloster

Ein Reiseführer für Körper, Geist und Seele

Sankt Ulrich Verlag

Für Michael Buchfelder,
der mir ermöglicht hat,
die Welt mit neuen Augen zu betrachten.

Bibliographische Information der Deutschen Bibliothek

Die Deutsche Bibliothek verzeichnet diese Publikation in der
Deutschen Nationalbibliographie; detaillierte bibliographische Daten
sind im Internet über http://dnb.ddb.de abrufbar.

2., vollständig überarbeitete und aktualisierte Ausgabe
© 2011 by Sankt Ulrich Verlag GmbH, Augsburg
Alle Rechte vorbehalten
Umschlaggestaltung: uv media werbeagentur
Mediengruppe Sankt Ulrich Verlag, Augsburg
Umschlagbilder: MEV, Kloster Andechs, Abtei Waldsassen, Abtei St. Walburg/Eichstätt
Druck und Bindung: Bercker Graphischer Betrieb GmbH & Co. KG, Kevelaer
Printed in Germany
ISBN: 978-3-86744-134-6
www.sankt-ulrich-verlag.de

Inhalt

Vorwort

WOZU IST EIN KLOSTER NÜTZE?

Aufklärungszeit und Säkularisation von 1803 waren der Meinung: zu nichts. Und haben die Klöster aufgehoben. Nützlich für manches, was die Gesellschaft nicht leisten kann, meinten viele etwa im 19. Jahrhundert, wenn sie Klöster wieder errichteten. Sie dachten an die schulische Bildung, besonders für Mädchen, an die Krankenfürsorge oder an Seelsorgsaufgaben, die die normale Pfarrei nicht erfüllen kann. So sehr Ordensgründer immer wieder von der Not in Kirche und Welt ihrer Zeit bewegt waren und eine bestimmte Aufgabe sich zum Ziel gemeinsamer Arbeit setzten, etwa den Loskauf von Gefangenen, die Betreuung behinderter Menschen, die Mission in anderen Kontinenten – so ist damit das Wesen des Ordenslebens noch nicht getroffen.

Als erstes geht es etwa dem hl. Benedikt darum, gemeinsam Gott zu suchen. Es geht darum, dem Ruf Christi „Folge mir nach" ganz Raum zu geben. Aus dieser Bereitschaft, die Nachfolge Christi als Lebensprogramm schlechthin zu wählen, erwächst dann gewiss jeweils auch ein besonderer Einsatz in Kirche und Gesellschaft. Aber der wichtigste Dienst für die ganze Kirche und die Welt ist es, ein Zeichen zu sein. Ein Zeichen dafür, dass unser Leben über alle irdischen Zwecke hinaus ein großes Ziel hat, dass es sich lohnt, ganz offen für Gott zu sein und von Christus sich zur Fülle des Lebens führen zu lassen.

Viele Menschen suchen heute nach einer Orientierung, wie ihr Leben sinnvoll sein könnte. Da hat ein Kloster Zeichencharakter: Das Claustrum, der umgrenzte klösterliche Bereich, ist ein Versuch, das Ganze des Lebens auf Gott hin auszurichten. Die Umgrenzung will schützen vor der Hetze von Alltag und Arbeit, vor den vielfältigen Beeinflussungen und gesellschaftlichen Zwängen. Es ist auch nur ein Versuch von Menschen, die schwach und den Tendenzen der Zeit ausgesetzt sind, die aber ein günstigeres Umfeld für das Freisein für Gott in freier Bindung gewählt haben.

Raimon Pannikar, der indische Religions-
wissenschaftler, hat vor einigen Jahren
das Buch herausgebracht „Den Mönch in
sich entdecken". Er spricht darin von dem
Archetyp Mönch, der in jedem Menschen
steckt und ihn trotz aller Verflechtung
in die Vielheit von Anforderungen und
Verlockungen doch nach einer Einheit des
Lebens suchen lässt.
Darum haben in den letzten Jahrzehnten
immer mehr Menschen wenigstens für ein
paar Tage ein Kloster aufgesucht, um auch
für sich etwas von der Einheit des Lebens zu
entdecken. Für viele Klöster ist es eine neu
erkannte Aufgabe geworden, suchenden
Menschen Anteil zu geben an ihrem eigenen
Leben, an ihrer eigenen Suche nach Gott.
Sie lassen Menschen für eine bestimmte
Zeit bei sich mitleben, eintauchen in den
Rhythmus der klösterlichen Ordnung und
Abstand gewinnen von der Hektik des
Alltags und des Geschäftslebens. Manager
ziehen sich in das Kloster zurück, um ihre
Führungsaufgabe zu reflektieren. Menschen
kommen, um gesundes Leben für sich zu
entdecken. Menschen suchen im Kloster
neu die Einheit von Geist, Seele und Leib,
den rechten Umgang mit der Schöpfung und
die Erfahrung der eigenen Kreativität.

Die Benediktusregel hat ein eigenes Kapitel
über die Aufnahme der Gäste. „Allen Gästen
begegne man ... in tiefer Demut: Man ver-
neige sich, werfe sich ganz zu Boden und
verehre so in ihnen Christus, der in Wahrheit
aufgenommen wird." Manches werden die
heutigen Gäste vermissen, etwa, dass Abt
und Brüder ihnen die Füße waschen. Aber
immer noch gilt für das Kloster die Weisung,
dass den Gästen alle Menschlichkeit, alle
Aufmerksamkeit erwiesen werden soll, dass
sie durch geistliche Lesung erbaut und zum
Gebet hingeführt werden.
Wozu sind Klöster nütze? Auch dazu, dass
Menschen im Raum des Klosters zu sich
selber finden, dass sie Atem holen können
und für ihr eigenes Leben das rechte Maß
suchen. Sie sollen erfahren, was ihnen an
Leib und Seele gut tut, und was ihnen Gott
Gutes zuspricht. Das Buch von Dr. Petra
Altmann kann dazu eine gute Wegweisung
geben.

Abt Dr. Odilo Lechner OSB

Gastfreundschaft im Kloster

DIE TRADITION DER GÄSTEAUFNAHME IN DEN KLÖSTERN

„Allen Gästen erweise man die angemessene Ehre ... sobald ein Gast gemeldet wird, sollen ihm daher der Obere und die Brüder voll dienstbereiter Liebe entgegeneilen", schrieb der hl. Benedikt bereits im 6. Jahrhundert nach Christus. Über Jahrhunderte haben nicht nur die Benediktiner regelmäßig Gäste in ihren Klöstern beherbergt, auch andere Ordensgemeinschaften lebten nach diesem Prinzip. Niemandem sollte die Tür gewiesen werden, im Gegenteil, den Gästen wurde sogar die Ehre zuteil, mit am Tisch des Abtes zu speisen. Ihnen begegnete man mit besonderer Ehrfurcht und Demut. Die Ordensmitglieder wollten durch ihre Offenheit Fremden gegenüber ihre Bereitschaft demonstrieren, für alle Menschen da zu sein. Sie ermöglichten damit den weltlichen Gästen gleichzeitig, Einblick in das Ordensleben zu gewinnen.

GASTFREUNDSCHAFT IN DEN KLÖSTERN VON HEUTE

Gastfreundschaft ist auch heute ein Zeichen klösterlicher Lebensart. Sie wird traditionsgemäß sehr stark von den Benediktinern gepflegt. Aber auch viele andere Ordensgemeinschaften und Klöster haben sich gerade in den letzten Jahren verstärkt der Betreuung von Gästen gewidmet. Dahinter steht zuerst der Wunsch, sein Haus zu öffnen und anderen Menschen offen zu begegnen. Für manche Klöster bietet die Aufnahme von Gästen aber auch die Möglichkeit, in wirtschaftlich schwierigen Zeiten ihren Erhalt zu sichern. Wie vielfältig die Gästeangebote sind, erkennt man beim Lesen dieses Buchs. Die Klöster sind dabei sehr offen gegenüber neuen Themen – solange sie zum klösterlichen Umfeld passen. Die Schwestern und Mönche hören sehr genau hin, wenn Gäste Wünsche äußern. Und sie beobachten, was die Menschen heute bewegt.

Die zunehmende Nachfrage nach Angeboten in Klöstern zeigt, dass es viele Menschen zu den Wurzeln unseres christlichen Kulturkreises zieht. Unabhängig davon, ob sie konfessionell gebunden sind oder nicht. Oft befinden sie sich in Krisensituationen und suchen eine neue Lebensorientierung. Zahlreiche Angebote in den Klöstern befassen sich daher auch mit Lebenshilfe. Die Ordensmitglieder bieten darüber hinaus in der Regel den Gästen Einzelgesprächsbegleitung an.

Klöster dienen vielen Gästen auch als Rückzugsorte, an denen sie in unserer hektischen Zeit zur Ruhe kommen können. Die Schwestern und Mönche begegnen diesem Wunsch, indem sie Seminare mit Schwerpunkt Meditation und Kontemplation anbieten. Vielfach werden die Meditationsblöcke kombiniert mit Kreativangeboten wie beispielsweise Ikonenmalerei, Ikebana oder Zeichnen. Im Rahmen der kontemplativen Angebote sind auch die Besinnungstage zu erwähnen. Sie gehören traditionell zum Standardprogramm fast jeden Klosters. Zu den Programmschwerpunkten in vielen Klöstern gehören auch Glaubensthemen – Glaubensorientierung und Bibelreflexion. Darüber hinaus werden ganzheitliche An-gebote verstärkt nachgefragt und angeboten. Sie sind in Klöstern bestens angesiedelt, da die Ordensmitglieder Körper, Geist und Seele seit jeher als eine Einheit betrachten. Jedes Kloster hat innerhalb seines Gästeprogramms einen Angebotsschwerpunkt. Dies wird in der Gliederung dieses Buchs sichtbar. Darüber hinaus gruppieren sich um den Schwerpunkt in vielen Klöstern noch zahlreiche kleinere, durchaus bemerkenswerte Angebote für Gäste (siehe S. 167). Es lohnt sich also, in diesem Buch sehr genau zu stöbern.

WARUM GERADE IM KLOSTER ATEM HOLEN?

Gastfreundschaft ist im Kloster selbstverständlich. Hier hat man das Gefühl, immer willkommen zu sein, unabhängig von Konfession, Geschlecht oder Weltanschauung. Die Ordensleute sind offen gegenüber jedem Gast. Diese Offenheit überträgt sich auch auf die Gäste selbst. Im Gegensatz zu einem Hotel, in dem man anonym und unbeachtet seinen Urlaub verbringen kann, hat man im Kloster die Möglichkeit, bei Tisch miteinander zu plaudern oder bei den Veranstaltungen ins Gespräch zu kommen. Hier muss sich niemand einsam fühlen, der nicht von sich aus das Alleinsein sucht. Häufig fragt die Gastschwester oder der Gastpater bei der Anmeldung schon nach den speziellen Bedürfnissen des Gastes und versucht zu vermitteln, was der Klosteraufenthalt im Einzelfall bieten kann. So kann man als Gast sicher sein, in seinen Klostertagen auch wirklich das vorzufinden, was man sich erwartet hat.

ZUR AUSWAHL DER KLÖSTER IN DIESEM BUCH

Maßgeblich für die vorliegende Auswahl waren in erster Linie besondere Gästeangebote sowie die Erfahrung im Umgang mit Gästen. Darüber hinaus war es mir wichtig, Klöster aus allen deutschen Regionen vorzustellen, damit jeder Leser die Möglichkeit hat, Angebote wahrzunehmen, die quasi vor seiner Haustüre liegen. Aus diesem Grunde sind beispielsweise auch Klöster aus den neuen Ländern vertreten, die in der Regel Neugründungen nach 1990 sind. Dennoch ergibt sich aus religionshistorischen Gründen eine gewisse Konzentration auf den süddeutschen Raum. In dieser vorwiegend katholisch geprägten Region gibt es traditionell eine größere Anzahl von Klöstern, die sich seit langer Zeit der Aufnahme und Betreuung von Gästen widmen.

DAS KLÖSTERLICHE AMBIENTE

Wer sich das Kloster als Luxusherberge vorstellt, ist hier fehl am Platz. Die Unterkünfte entsprechen zwar heute nicht mehr kargen Klosterzellen, sie sind in der Regel aber schlicht und zweckmäßig eingerichtet. Dies spiegelt sich auch in den Preisen wider. Meist befinden sich die Klöster in landschaftlich besonders reizvollen Gegenden. Wander- und Radtourenmöglichkeiten gibt es daher oft schon vor der Klostermauer. Klosteraufenthalte sind aus diesem Grund auch für Familien und Gruppen interessant. Manche Klöster haben spezielle Gruppenunterkünfte mit der Möglichkeit zur Selbstverpflegung.

Schließlich macht die besondere Atmosphäre eines Klosteraufenthalts aber vor allem die Spiritualität aus, die den Gast umfängt, sobald er die Klosterpforte durchschritten hat. Die Geschichte, von der oft jahrhundertealte Gemäuer erzählen, die jahrtausendealte Tradition der monastischen Lebensform und die Stille, die sich sofort auf den Gast überträgt. Ein besonderes Erlebnis sind die Chorgebete, zu denen die Gäste jederzeit eingeladen, zu deren Besuch sie aber nicht verpflichtet sind. Häufig kommen sie nach dem ersten Besuch immer wieder zu den Gebetzeiten, denn sie sind eine ganz besondere Form der Meditation, des Zu-sich-selbst-Findens. Was kann es also Entspannenderes für Körper, Geist und Seele geben, als im Kloster Atem zu holen.

Dr. Petra Altmann

Kloster Andechs Benediktiner

WO LIEGT DAS KLOSTER

Der Heilige Berg mit dem Kloster Andechs ist ein weit über die Grenzen Oberbayerns hinaus bekanntes Wallfahrts- und Ausflugsziel. Schon von weitem sichtbar liegt die Klosteranlage über dem Ostufer des Ammersees mitten im Fünf-Seen-Land. Wander- und Radtourenmöglichkeiten gibt es hier reichlich. Im Sommer lädt der Ammersee zudem zum Baden ein. Für viele Gäste ist aber Andechs selbst Ziel genug. Sie kommen hierher in die Wallfahrtskirche und kehren anschließend in den Klostergasthof, ins Bräustüberl oder den berühmten Biergarten ein, in denen das klostereigene Bier ausgeschenkt wird.

ANREISE

Mit der Bahn:
München Hauptbahnhof, von dort mit der S-Bahn nach Herrsching und anschließend mit dem Bus nach Andechs.

Mit dem Auto:
Aus Richtung Stuttgart kommend auf der A 8 bis Dreieck München-Allach, dort halblinks auf die A 99. Dann weiter auf der A 96 Richtung Lindau bis Anschlussstelle Oberpfaffenhofen. Dort rechts abfahren in Richtung Herrsching/ Weßling. Der Ausschilderung Richtung Weßling-Seefeld-Herrsching-Andechs folgen.

Aus Passau kommend A 3 Richtung Deggendorf. Bei Autobahnkreuz Deggendorf auf die A 92. Bei Autobahnkreuz München-Allach weiter wie oben.

*Zu sich selbst kommen
auf dem Heiligen Berg*

EIN BLICK IN DIE GESCHICHTE

Im 10. Jahrhundert bringt der Hl. Rasso (ca. 880–954), Ahnherr des Andechser Grafengeschlechts, der Legende nach Reliquien aus dem Heiligen Land in die Kapelle der Burg von Andechs.

1080 erscheint der Name Andechs als „Andehse" erstmals in Urkunden. 1128 findet die erste nachweisbare historische Wallfahrt nach Andechs statt. In der ersten Hälfte des 15. Jahrhunderts erlebt Andechs als Wallfahrtsstätte eine besondere Blüte, als Herzog Ernst I. von Bayern dort eine dreischiffige gotische Hallenkirche errichten lässt. Er verleiht dem Ort den Namen „Heiliger Berg".

1438 wird der Klostergasthof erstmals urkundlich erwähnt. Herzog Albrecht III. von Bayern, Nachfolger Herzogs Ernsts, gründet 1455 das Benediktinerkloster Andechs. Sieben Mönche aus Tegernsee bilden den ersten Konvent. 1458 erlangt das Kloster bereits die Unabhängigkeit von Tegernsee und wählt seinen ersten Abt. Im Laufe des 15. und zu Beginn des 16. Jahrhunderts werden Kirche und Kloster mehrfach erweitert und umgestaltet. Durch einen Blitzschlag werden die Klostergebäude und die Kirche 1669 zerstört. Die Heilige Kapelle bleibt unversehrt. Im selben Jahr beginnt der Wiederaufbau, der 1676 abgeschlossen wird. 1712 wird die Kirche im barocken Stil umgestaltet. 1730 wird ein Bierkeller in den Berg getrieben im Bereich unter der heutigen Apotheke.

1803 erfolgt die Auflösung des Klosters im Zuge der Säkularisation. Im Folgejahr wird das Kloster versteigert. Kirche und Apotheke bleiben im Besitz des Staats.

Am 12. Oktober 1835, dem Tag der Silberhochzeit König Ludwigs I., erfolgt die Grundsteinlegung von Kloster und Kirche St. Bonifaz in München. 1846 kauft der König Andechs als Wirtschaftsgut für die Münchner Abtei. 1850 schenkt er Andechs den Benediktinern von St. Bonifaz. 1851 erfolgt die offizielle Übertragung der Wallfahrt von Andechs an St. Bonifaz.

Bis in die 1930er Jahre entstehen in Andechs immer wieder Neu- und Erweiterungsbauten, unter anderem die Bier-Terrasse oder das „Salettl" im Bräustüberl.

Im Zweiten Weltkrieg dient Andechs als Aufbewahrungsort von Kulturgütern, unter anderem der Bibliotheksbestände von St. Bonifaz.

Das während des Kriegs geschlossene Bräustüberl wird 1952 wiedereröffnet. 1984 wird ein Brauereineubau fertiggestellt. In den Jahren 1990 bis 1992 erfolgt die Renovierung des Fürstentrakts. 2005, zum 550jährigen Jubiläum des Benediktinerklosters Andechs, werden die Renovierungsarbeiten an der Wallfahrtskirche abgeschlossen.

DAS SPEZIELLE ANGEBOT

In den von Abt Dr. Johannes Eckert geleiteten „Exerzitien für Manager" erhalten Führungskräfte durch die intensive Teilnahme am klösterlichen Lebensrhythmus die Möglichkeit, zu sich selbst zu kommen und über ihren beruflichen Alltag nachzudenken. Diese Exerzitien verstehen sich als geistlicher Übungsweg. Die Teilnehmer, es können nur Männer dabei sein, leben mit den Benediktinern in der Klausur und nehmen streng am Tagesablauf der Mönche teil. Anhand von ausgewählten Bibeltexten werden Führungssituationen reflektiert und auf die Struktur des eigenen Unternehmens übertragen. Gespräche, Texte, Meditationen sollen Anleitungen und Hilfen für den Arbeitsalltag bieten.

Ebenfalls nur für männliche Gäste ist das Wochenendseminar „Atem holen im Kloster Andechs". Die Teilnehmer leben im Rhythmus des Klostertags und erhalten in Gesprächen, Betrachtungen und Meditationen Anregungen, die Hektik des Alltags nicht an sich herankommen zu lassen.

WEITERE ANGEBOTE FÜR GÄSTE

Einmal im Monat findet der „Andechser Bibelabend" statt. Er steht allen Menschen offen, die die Bibel näher oder neu kennenlernen möchten. Aktuelle Themen werden vom biblischen Hintergrund her beleuchtet und anhand von Filmen und anderen Medien anschaulich gemacht. Die Abende klingen bei einem gemütlichen Beisammensein aus.

ETWAS BESONDERES

Neben dem schon erwähnten Biergarten und dem Bräustüberl ist Andechs ein Anziehungspunkt für Musikfreunde. Vom Pfingstsonntag bis zum Herbst findet bei freiem Eintritt sonntags jeweils um 16 Uhr ein halbstündiges Konzert auf der neuen Kirchenorgel in der Wallfahrtskirche statt. Am selben Ort gibt es in unregelmäßiger Folge Abendkonzerte mit geistlicher Musik. Darüber hinaus lädt das Kloster zu hochkarätigen Konzerten im Florianstadl ein.

KONTAKT

Kloster Andechs
Bergstr. 2
82346 Andechs
Tel.: 08152/76-0
Fax: 08152/376-143
info@andechs.de
www.andechs.de

WIE IST MAN UNTERGEBRACHT

Kloster Andechs verfügt über 20 Einzel- und 2 Doppelzimmer mit Etagendusche. Die Gäste des Klosters können auf Wunsch nur Übernachtung mit Frühstück buchen oder auch Halb- oder Vollpension. Sie können an den Eucharistiefeiern der Mönche teilnehmen, aus organisatorischen Gründen ist eine Teilnahme am Chorgebet nicht möglich.

Die Andechser Chorgemeinschaft und das Mozart Vokal Ensemble Andechs freuen sich über Interessenten, die bei den Proben vorbeischauen und sich vielleicht auch fest in einem der Chöre engagieren möchten. Und „last but not least" die Orff-Festspiele in Andechs: Carl Orff lebte in Dießen am Ammersee und konnte von seinem Zuhause auf das Kloster sehen. Sein Wunsch, der ihm auch erfüllt wurde, war es, in Andechs begraben zu werden. Seine letzte Ruhestätte ist in der „Schmerzhaften Kapelle" der Wallfahrtskirche. Jedes Jahr im Sommer werden seit 1992 die großen Werke Orffs in Andechs aufgeführt.

Kloster Bernried   Missions-Benediktinerinnen

Persönlichkeitsbildung,
Spiritualität und
„Schöpfungstage"

ANREISE

Mit der Bahn:
Von München Hauptbahnhof aus mit dem Zug Richtung Kochel direkt nach Bernried. Bei Zügen Richtung Garmisch oder der S-Bahn (S 6) Richtung Tutzing muss man in Tutzing umsteigen in den Zug nach Kochel oder für die 6 Kilometer zum Kloster ein Taxi nehmen. Vom Bahnhof Bernried kann man in rund 12 Minuten bergabwärts zu Fuß zum Kloster gehen.

Mit dem Auto:
Auf der A 95 München-Garmisch die Ausfahrt Seeshaupt nehmen. Von dort der Beschilderung nach Bernried folgen.

WO LIEGT DAS KLOSTER

Bernried liegt am Westufer des Starnberger Sees. Die Klosteranlage befindet sich direkt am See und ist nur durch die Klostermauern und den schmalen Uferweg vom Wasser getrennt. Diese bevorzugte Position macht die besondere Lage des Klosters aus. Zum Klosterkomplex gehört eine schöne, weitläufige Gartenanlage mit dem Gartensaal, in dem auch Veranstaltungen für Gäste stattfinden.

Wenige Gehminuten entfernt erstreckt sich der riesige Park, den die Amerikanerin Wilhelmina Busch-Woods, die sich in Bernried niedergelassen hatte, kurz vor ihrem Tod im Jahr 1952 dem bayerischen Staat vermacht hat. Hier kann man ausgedehnte Spaziergänge unternehmen. Der Uferweg Richtung Norden führt vom Kloster aus direkt am Buchheim-Museum Bernried vorbei, in dem ein Teil der Sammlung des Künstlers und Buchautors Lothar-Günther Buchheim präsentiert wird, unter anderem eine sehenswerte Abteilung mit expressionistischen Gemälden. Neben den Exponaten selbst ist auch die Architektur des Museums bemerkenswert. Eine Art Brücke bildet einen Ausläufer des Baus bis ins Wasser.

EIN BLICK IN DIE GESCHICHTE

Die heutige Klosteranlage wurde 1120 als Augustinerchorherrenstift gegründet und bis zur Säkularisation genutzt. Danach bewohnte eine Adelsfamilie den Bau, den sie zum Schloss umgestaltete. 1949 verkaufte sie den Komplex an den bayerischen Staat. Im selben Jahr bezogen die ersten vier Benediktinerinnen aus Tutzing den maroden Bau. In Tutzing befand sich das Mutterhaus der Missions-Benediktinerinnen, die seit 1885 in Missionen außerhalb Europas tätig waren. Nach dem Krieg mussten viele Ordensschwestern aus den Missionsgebieten nach Deutschland zurückkehren, und das Mutterhaus in Tutzing konnte sie aus Platzgründen nicht alle aufnehmen. So suchte man eine weitere Bleibe in der Nähe und fand sie in Bernried.

Nachdem die Schwestern sich in Bernried eingerichtet hatten und weitere Ordensfrauen dazu kamen, begannen sie, junge Mädchen in sechsmonatigen Kursen in Hauswirtschaftslehre und Gartenbau auszubilden.

1950/51 richteten die Ordensfrauen ein Erholungsheim für Mütter und Kinder im Schlossgebäude ein. Nach und nach entwickelte sich Bernried zum Ausbildungsplatz für junge Frauen: 1953 wurde eine einjährige Haushaltschule eröffnet, 1957 eine Schule für Sozialberufe und 1967 eine Berufsaufbauschule.

Diese ganzen Aktivitäten erforderten im Laufe der Jahre umfassende Um- und Ausbauten des Klosters.

1972 wurden die Schule und das angeschlossene Internat aus ordensinternen Gründen geschlossen. Die Schwestern fanden eine neue Aufgabe in der Aufnahme und Betreuung von Gästen. Dafür wurden die ehemaligen Schulräume und Internatszimmer umgebaut. Heute verfügt das Kloster Bernried über ein eigenes Bildungshaus mit einem umfassenden Seminarprogramm.

DAS SPEZIELLE ANGEBOT

Schwester Beate Grupp bietet im Kloster Bernried regelmäßig sogenannte TZI-Kurse an. TZI ist die Abkürzung für „Themenzentrierte Interaktion" – ein Modell lebendigen Lernens innerhalb einer Gruppe, das der Persönlichkeitsbildung dient. Die Veranstaltungen beschäftigen sich mit der Interaktion zwischen Menschen und behandeln Themen wie Lebensführung, Führungskultur und Spiritualität. Sie decken die Ressourcen des einzelnen auf, und wie er

KONTAKT

Kloster Bernried
Klosterhof 8
82347 Bernried
Tel.: 08158/255-0
Fax: 08158/255-63
zentrale@bildungshaus-bernried.de
www.bildungshaus.bernried.de

WIE IST MAN UNTERGEBRACHT

Im Kloster Bernried gibt es rund 50 Einzel- sowie 25 Doppel- und 3-Bett-Zimmer, jeweils mit Dusche und WC.
Von manchen Räumen kann man einen Ausblick auf den See und die dahinterliegende Alpenkette genießen.
Drei Mahlzeiten gibt es täglich sowie Kaffee.

damit umgeht. Jeder Teilnehmer soll erkennen, wo seine speziellen Potentiale liegen, und wie er sie nutzen kann.
Schwester Beate ist graduierte TZI-Trainerin.

WEITERE ANGEBOTE FÜR GÄSTE

Schöpfungstage, Sabbattage, Auflebetage und Besinnung mit der Bibel dienen dazu, sich zu finden, das Geschenkte in der Schöpfung Gottes, im eigenen Leben wahrzunehmen und wertzuschätzen. Auf Wunsch sind auch Einzelgespräche möglich.

Die Gäste können an den Gebetszeiten und den Messen der Ordensfrauen, die in der Hauskapelle stattfinden, teilnehmen. Die zum Baukomplex gehörende barocke Kirche wird als Pfarrkirche genutzt.

ETWAS BESONDERES

Auf Grund seiner exponierten Position direkt am Ufer des Starnberger Sees verfügt das Kloster über einen eigenen Badeplatz mit Liegewiese und Umkleidekabinen.
In unmittelbarer Nachbarschaft zum Kloster befindet sich ein Bootsverleih. Wasserfreunde kommen hier also voll auf ihre Kosten.
Das Kloster hat einen Kräutergarten, in dem Schwester Fidelis Regie führt. Aus den hauseigenen Kräutern werden Tees und Gewürze hergestellt, die die Gäste genießen können.

Benediktinerinnen # Abtei Frauenwörth im Chiemsee

WO LIEGT DAS KLOSTER

Einen schöneren Platz zur klösterlichen Einkehr als die Fraueninsel mitten im sogenannten „Bayerischen Meer" – dem Chiemsee – kann man sich kaum vorstellen. Mit dem Boot der Chiemseeschifffahrt erreicht man die kleine Insel, rund eine halbe Stunde benötigt man von Prien aus dafür. Frauenwörth ist eine Idylle, hier gibt es keine Autos, und die auf der Insel verstreuten, propperen Häuser wirken wie aus einem Bilderbuch. Am Abend, wenn die Tagestouristen abgefahren sind, sagen sich hier Hase und Fuchs Gute Nacht. Die Abtei ist bei weitem das imposanteste Gebäude der Insel. Ringsum sind Gärten, Wiesen und Bäume. In etwa einer halben Stunde kann man zu Fuß die Insel umrunden. Wer einen weiteren Ausflug machen möchte, der sollte hinüberfahren zur Herreninsel. Dort wollte sich Ludwig II. mit dem berühmten Schloss Herrenchiemsee seinen Traum vom bayerischen Versailles erfüllen.

EIN BLICK IN DIE GESCHICHTE

Die Abtei Frauenwörth ist neben dem Nonnberg in Salzburg das älteste noch bestehende deutschsprachige Frauenkloster nördlich der Alpen. Es wurde der Überlieferung nach bereits 772 vom Bayernherzog Tassilo III. gegründet. Seine erste Blütezeit erlebte das Kloster in der zweiten Hälfte des 9. Jahrhunderts. Mitte des 11. Jahrhunderts verlor

Frauenwörth die Reichsunmittelbarkeit und ging 1202 an den Bischof von Salzburg über. 1254 erlangten wiederum die bayerischen Herzöge die Herrschaft über das Kloster. Dennoch führte es bis zur Säkularisation im Jahr 1803 die Bezeichnung „Königliches Stift" und nahm ausschließlich adelige Frauen auf. Das Kloster war entsprechend wohlhabend. Die Nonnen lebten von ihren Besitztümern in Nord- und Südtirol und in Niederbayern.
1803 wurde das Kloster aufgehoben, die Schwestern jedoch nicht vertrieben. 1837 erlaubte König Ludwig I. die Wiederbelebung des Klosters. 1901 wurde Frauenwörth wieder zur Abtei erhoben. Die heutige Klosteranlage stammt aus der ersten Hälfte des 18. Jahrhunderts, in der

Kirche findet man sogar noch romanische Elemente.

DAS SPEZIELLE ANGEBOT

Das Gästehaus der Abtei Frauenwörth hat ein Programmangebot, das auf vier thematischen Säulen steht:
Der erste Bereich heißt „Kloster-Einkehr/Besinnung". In Seminaren wie „Finde deine Lebensspur", „Richte dich auf! Du hast Kraft" oder „Atempause im Kloster" beschäftigt man sich mit der eigenen

WEITERE ANGEBOTE FÜR GÄSTE

Wer seine Englischkenntnisse verbessern möchte, kann in Frauenwörth englische Konversation üben.
Für Gäste, die nur einen Tagesausflug zur Insel unternehmen möchten, gibt es ebenfalls etwas im Programm, beispiels-

ANREISE

Mit der Bahn:
Bahnhof Prien/Chiemsee. Dann mit dem Taxi oder in 20 Minuten zu Fuß zur Schiffsanlegestelle Prien-Stock. Die Überfahrt zur Fraueninsel dauert 25 bis 35 Minuten.

Mit dem Auto:
Auf der Autobahn A 8 München-Salzburg Ausfahrt Bernau nehmen. Weiter über Prien Richtung Breitbrunn/Rimsting nach Gstadt. Dort gibt es Parkmöglichkeiten. Die Überfahrt dauert in diesem Fall etwa 10 Minuten.

Lebensspur. Die Tage auf der Insel sollen der Besinnung, Regenerierung, Entspannung und Selbstfindung dienen.
Im zweiten Themenblock geht es um „Lebensorientierung". Was sind die eigenen Stärken, und wo möchte man hin? Dabei gibt es eine Reihe von Angeboten, die sich speziell an Frauen richten, angefangen von Frauencoachings bis zur Analyse von Mutter-Tochter-Beziehungen.
Der dritte Komplex ist die „Gesundheit". T'ai Chi Ch'uan ist hier ebenso zu finden wie Qi Gong, Yoga ebenso wie Ayurveda.
Und schließlich gibt es noch den Themenbereich „Kreativität", unter anderem mit Angeboten zum Töpfern, Vergolden, zu Kalligraphie und Zeichnen.

weise „Krippengespräche" mit Bezug auf die Barockkrippe des Klosters oder „Gartengespräche" über den sehenswerten Klostergarten.

KONTAKT

Abtei Frauenwörth
83256 Frauenchiemsee
Tel.: 08054/7644
Fax: 08054/1566
seminar.abtei@t-online.de
www.frauenwoerth.de

WIE IST MAN UNTERGEBRACHT

Das Gästehaus der Benediktinerinnen verfügt über 60 Zimmer mit Dusche/WC sowie 25 ohne. Sie können sowohl als Einzel- als auch als Doppelzimmer genutzt werden. Dabei gibt es Räume, die See- und solche, die Blick zum Hof haben.

Gegessen wird im „Klosterwirt", der Essensabonnements anbietet.

Gäste können am Chorgebet und den Eucharistiefeiern nur nach vorheriger Absprache des jeweiligen Kursleiters mit den Benediktinerinnen teilnehmen, da die räumliche Kapazität stark eingeschränkt ist.

ETWAS BESONDERES

Die Lage des Klosters als solche ist ja schon Besonderes genug. Darüber hinaus ist speziell der Mitte der 1980er Jahre nach historischen Vorbildern angelegte Klostergarten sehenswert. Hier gibt es auch einen Kräutergarten nach den Aufzeichnungen der Hildegard von Bingen.

Als Mitbringsel aus dem Klosterladen bieten sich die nach Geheimrezepten hergestellten Liköre an und der im Kloster täglich frisch zubereitete und mit alten Modeln ausgeformte Marzipan.

Regelmäßig finden in der Klosterkirche auch Konzerte statt. Besonders stimmungsvoll ist es, wenn man danach bei Dunkelheit mit dem Boot zum Festland zurückfährt.

Abtei Gerleve   Benediktiner

WO LIEGT DAS KLOSTER

Zwischen den jeweils etwa sieben Kilometer entfernten Städten Coesfeld und Billerbeck, in den Baumbergen des Münsterlands, liegt die neoromanische Benediktinerabtei Gerleve. Von dort bis nach Münster sind es rund 30 Kilometer. Die Klosteranlage erhebt sich oberhalb des Honigbachtals gegen Norden.

Umgeben von Feldern und Waldgebieten eignet sich die Gegend besonders gut für Radtouren und Spaziergänge.

ANREISE

Mit der Bahn:
Bahnhof Coesfeld. Von dort mit Bus oder Taxibus (vorherige Anmeldung unter 01803/504031) zur Abtei.

Mit dem Auto:
Auf der A 43 Recklinghausen-Münster die Ausfahrt Nottuln nehmen. Dann auf der B 525 Richtung Coesfeld. Nach etwa 11 km rechts abbiegen.

Als Ausflugsziele sind die Adelssitze und Wasserschlößchen des Westmünsterlands besonders reizvoll, darunter Burg Hülshoff, von der die Dichterin Annette von Droste-Hülshoff stammte.

EIN BLICK IN DIE GESCHICHTE

Drei Geschwister der ortsansässigen Familie Wermelt stifteten das Kloster 1899. Alle unverheiratet und kinderlos, stellten sie ihren Hof und Ländereien Ordensgemeinschaften zur Verfügung. Lange fanden sie keine Ordensleute, die sich hier ansiedeln wollten.

Angeblich waren die Ländereien zu klein und zu abgelegen. Schließlich erklärte sich der damalige Abt von Beuron bereit, in Gerleve eine Niederlassung zu gründen. Der Bauernhof wurde zum Kloster umgebaut, und 1899 zogen die ersten Benediktiner dort ein.

1901 begann man mit dem Bau von Kirche und neuem Kloster. Architekt war der Benediktinermönch Pater Ludger Wilhelm Rincklake aus Maria Laach. Die Kirche wurde 1904 geweiht, ist aber bis heute wegen ihrer provisorischen Apsis unvollendet. Im selben Jahr wurde Gerleve zur Abtei erhoben. 1941 wurden die Mönche durch die Nationalsozialisten vertrieben, kamen aber ab 1945 wieder zurück.

Die Abtei wurde bis in die ersten Jahre unseres Jahrhunderts immer wieder baulich erweitert und umgestaltet.

Gerleve:
über den Glauben
nachdenken und zu sich
selbst finden

DAS SPEZIELLE ANGEBOT

„Haus Ludgerirast" heißt das Exerzitienhaus der Abtei Gerleve. Es bietet ein sehr
umfangreiches Seminar- und Veranstaltungsprogramm. Einen besonderen Akzent legen
die Ordensleute dabei auf die Verbindung
von Glaubensreflexion und Selbsterfahrung.
Dies wird beispielsweise in den Gestalt-
exerzitien praktiziert. Hier beschäftigt man
sich - unter Einbeziehung des individuellen
biographischen Hintergrunds - mit aktuellen
Lebens- und Glaubensfragen.
Exerzitien werden auch in Kombination
mit sportlichen Aktivitäten angeboten:
Wanderexerzitien, bei denen man Orte und
Personen mit besonderer Ausstrahlung kennen lernt, und Exerzitien auf Rädern. Auf
dem Drahtesel erkundet man in Tagestouren
die Umgebung, was sich im fahrradfreundli-
chen Münsterland besonders anbietet.
Regelmäßig finden auch Bibliodramakurse
statt. Biblische Geschichten werden dort
nachgespielt, und somit Leben und Glauben
miteinander in Berührung gebracht.
In den regelmäßig stattfindenden
Trauerseminaren erfahren die Teilnehmer
Begleitung und Hilfestellung im Prozess von
Abschiednehmen und Neuorientierung des
Lebens.
Ein weiterer Schwerpunkt sind die
Besinnungstage. Dort widmet man
sich Themen wie „Glaube und Leben",
„Glaube und Dichtung" oder „Glaube und
Wissenschaft".
Es gibt auch Besinnungstage für spezielle
Zielgruppen – Brautleute, Frauen, Senioren,
Paare zum Beispiel.

WEITERE ANGEBOTE FÜR GÄSTE

„Schnupperkurs Glauben" heißen Kurse, die
sich mit der Frage auseinandersetzen, was
Glaube eigentlich bedeutet.

Wer sich völlig in sich selbst zurückziehen
möchte, für den sind die Meditationstage im
Schweigen geeignet.
Die zur Abtei gehörende Jugendbildungs-
stätte „Haus St. Benedikt" ist ein Zentrum
für Jugendliche und Familien mit eigenem
Kursprogramm.

KONTAKT

Benediktinerabtei Gerleve
Gerleve 1
48727 Billerbeck
Tel.: 02541/800-0
Fax: 02541/800-233
abtei-gerleve@web.de
www.abtei-gerleve.de

WIE IST MAN UNTERGEBRACHT.

Haus Ludgerirast hat 36 Einzel- und 11 Doppelzimmer mit Dusche/WC. Drei Räume sind behindertengerecht. Im Haus wohnen Ordensschwestern der Gemeinschaft Unserer Lieben Frau. Sie sind neben den Benediktinern zuständig für die Betreuung der Gäste.

Täglich gibt es drei Mahlzeiten sowie Kaffee am Nachmittag.
Alle Gäste können an den Stundengebeten und den Eucharistiefeiern teilnehmen.
Für männliche Einzelgäste gibt es weitere 9 Einzel- und 1 Doppelzimmer, jeweils mit Dusche/WC, im Konvent. Diese Gäste nehmen Mittag- und Abendessen gemeinsam mit den Mönchen im Refektorium ein, Frühstück und Nachmittagskaffee erhalten sie in einem separaten Gästeraum. Für diese Gäste ist nach Absprache Mitarbeit im Kloster möglich.
Nach Vereinbarung stehen die Ordensleute für Einzelgespräche zur Verfügung.

ETWAS BESONDERES

Im FORUM GERLEVE oberhalb der Klostergaststätte finden regelmäßig Konzerte und Vortragsabende statt, die Anregungen geben wollen für den persönlichen Lebensweg als Christ.
Bruder Gerhard hat im Kloster sein Atelier. Er hat sich als Ikonenmaler einen Namen gemacht. Seine Werke findet man in einigen Kirchen Westfalens.

Jesus-Bruderschaft Gnadenthal

WO LIEGT DAS KLOSTER

Gnadenthal ist ein kleines Dorf im Taunus, nicht weit vom Kneipp-Kurort Bad Camberg entfernt. Rund um das ehemalige Zisterzienserinnen-Kloster hat sich ein kleines Klosterdorf entwickelt mit Betrieben der Jesus-Bruderschaft und Freizeitangeboten für große und kleine Gäste. Dort findet man Möglichkeiten, Tischtennis, Volleyball oder Tischfußball zu spielen genauso wie Kinderspielplatz, Spielwiese, Bolzplatz oder Grillplatz. Gnadenthal hat einen großen Garten mit Teich.

Die Domstadt Limburg ist nicht weit, und auch ein Ausflug nach Wiesbaden lohnt sich. Das Naturschutzgebiet Wörsbach liegt in der Nähe, außerdem bietet der Taunus reichlich Wandermöglichkeiten und Radrouten an. Im Klosterareal selbst gibt es Buchhandlung und Galerie. Produkte aus der klösterlichen Landwirtschaft werden ab Hof verkauft.

EIN BLICK IN DIE GESCHICHTE

1235 wurde in Gnadenthal ein Zisterzienserinnen-Konvent gegründet. Im Dreißigjährigen Krieg wurde das Kloster 1634 stark verwüstet und schließlich aufgegeben. Die Gebäude hat man in den folgenden Jahrhunderten als Hofgut genutzt.
1969 erwarb die Jesus-Bruderschaft einen Teil der ehemaligen Klosteranlage. Diese Gemeinschaft wurde 1964 als „Jesus-Bruderschaft e.V." in Ludwigshafen gegründet. Sie ist eine Lebensgemeinschaft von zölibatären Brüdern, Schwestern und Familien. Ihre Mitglieder gehören unterschiedlichen Kirchen und Konfessionen an.

Sie leben in kleinen Wohn- und Hausgemeinschaften nach einer verbindlichen Ordnung zusammen. Oft sind drei Generationen unter einem Dach. Das Leben in der Kommunität ist geprägt durch Gebet, Gemeinschaft und Arbeit. Die Grundidee ist, Christen an einem Ort zu sammeln und das Leben gemeinsam nach Vorgaben aus dem Evangelium zu gestalten. Die Jesus-Bruderschaft knüpft an Traditionen von Orden oder geistlichen Gemeinschaften an, beispielsweise der Zisterzienser, der Jesuiten oder der Herrnhuter Brüdergemeine. Sie ist darüber hinaus inspiriert durch Persönlichkeiten wie Dietrich Bonhoeffer, Romano Guardini oder Martin Buber.
1984 kaufte die Jesus-Bruderschaft die weiteren Klostergebäude in Gnadenthal dazu. Im selben Jahr wurden die bis dato als Kuhstall genutzte Klosterkirche sowie das Äbtissinnenhaus renoviert und das klösterliche Ambiente wieder hergestellt.
1984 begann man auch mit der ökologisch geführten Landwirtschaft.
Nach der Wende eröffnete die Jesus-Bruderschaft 1991 ein Werk- und Studienzentrum in Hennersdorf bei Chemnitz und kaufte 1994 die Klosterruine Volkenroda in Thüringen. Dort wurden inzwischen Kloster, Landwirtschaft und ein europäisches Jugendbildungszentrum aufgebaut.

ANREISE

Mit der Bahn:
ICE-Bahnhof Limburg-Süd oder Bahnhof Bad Camberg. Von dort mit dem Taxi oder Abholung durch Kloster nach vorheriger Absprache.

Mit dem Auto:
Auf der A 3 Frankfurt/Main-Köln die Ausfahrt Bad Camberg nehmen. Von dort der Beschilderung nach Hünfelden-Gnadenthal folgen.

DAS SPEZIELLE ANGEBOT

Im „Haus der Stille" und im „Nehemia-Hof" bietet die Jesus-Bruderschaft Veranstaltungen an, deren Schwerpunkte auf den Stillen Wochenenden und den Seminaren rund um Ehe und Familie liegt.

Die Stillen Wochenenden widmen sich im wesentlichen Themenbereichen wie Liebe und Hoffnung. „Weg der Liebe", „Der Liebe glauben" oder „Weg der Hoffnung" sind einige der Motti, unter denen die Tage stehen. Die Gebetszeiten der Kommunität strukturieren den Tag. Jeweils am Vor- und am Nachmittag gibt es biblische Impulse, die zum Nachdenken und Meditieren anregen sollen. Daneben besteht die Möglichkeit zu Gesprächen mit einem Seelsorger.

Zum Themenspektrum „Ehe und Familie" gehören Veranstaltungen, die den Ehe-Organismus und Familien-Alltag beleuchten, Krisen ans Licht bringen, bereinigen und die Gemeinsamkeiten stärken sollen. Veranstaltungen für Eheleute in der Lebensmitte gehören dazu, Familienforen und auch spezielle Frauen- oder Männerwochenenden.

WEITERE ANGEBOTE FÜR GÄSTE

Speziell an Kindergärten, Schulklassen oder Jugendgruppen richten sich Angebote zur Umweltbildung. Da gibt es Stallbesuche bei Kühen mit der Möglichkeit, selbst zu melken, die Beschäftigung mit Schafen, Angebote, bei denen man den Weg vom Korn zum Brot in Gnadenthal verfolgen kann oder auch Informationsveranstaltungen, wie ein Apfel schließlich zum Saft verarbeitet wird. Auch Dorferkundungsspiele gibt es, bei denen der Nachwuchs die Geschichte und heutigen Betriebe von Gnadenthal kennenlernt. Gnadenthal beschäftigt auch regelmäßig Mitarbeiter im Freiwilligen Sozialen oder Freiwilligen Ökologischen Jahr.

WIE IST MAN UNTERGEBRACHT

Die beiden Gästehäuser von Gnadenthal – „Haus der Stille" und „Nehemia-Hof" – bieten insgesamt 26 Einzelzimmer, davon 14 mit Nasszelle, ein Doppelzimmer mit Dusche/WC sowie 14 Mehrbettzimmer mit Etagendusche an. Täglich gibt es drei Mahlzeiten sowie Kaffee am Nachmittag.

Die Gäste können an den Gebetzeiten und den Gottesdiensten teilnehmen.

Mitarbeit im Kloster ist nach Absprache möglich.

ETWAS BESONDERES

Unter dem Motto „Kulturspuren" finden in Gnadenthal regelmäßig Ausstellungen, Lesungen und Vorträge statt. Das Klosterdorf hat sich so zu einem Kulturzentrum der Region entwickelt.

KONTAKT

Jesus-Bruderschaft
Gästepforte
65597 Hünfelden
Tel.: 06438/81-300
Fax: 06438/81-310
pforte@jesus-bruderschaft.de
www.jesus-bruderschaft.de

Kloster Kirchberg

Berneuchener Gemeinschaften

WO LIEGT DAS KLOSTER

Kloster Kirchberg liegt etwa 10 Auto-minuten von Sulz am Neckar entfernt auf 571 Metern mitten in einer wunder-schönen Mittelgebirgslandschaft zwischen Schwäbischer Alb und Schwarzwald. Vom Kloster aus hat man einen sehr schönen Blick auf die Burg Hohenzollern. In der Nähe liegen sehr viele reizvolle Ortschaften und Städte wie Freudenstadt oder Haigerloch.

ANREISE

Mit der Bahn:
Bahnhof Horb. Von dort in rund 20 Minuten mit Taxis, die Sondertarife zum Kloster anbie-ten, nach Kirchberg. Alternativ mit dem Bus 7402, der unter der Woche allerdings nur einmal täg-lich fährt und am Wochenende sowie an Feiertagen nur als Anrufbus fungiert. Das heißt, das Busunternehmen muss bis zu einer Stunde vor Abfahrt darüber infor-miert werden, wenn ein Fahrgast mitreisen möchte (Tel. 01801/272272).

Mit dem Auto:
Auf der A 81 aus Richtung Singen die Abfahrt Sulz nehmen. Dann Richtung Balingen, nach 500 m links ab Richtung Vöhringen-Bergfelden, nach 50 m links nach Bergfelden. Durchfahrt bis Renfrizhausen, dort am Ortsausgang rechts Richtung Kirchberg.

Auf der A 81 aus Richtung Stuttgart kommend Ausfahrt Empfingen nehmen. Richtung Empfingen und in der Ortsmitte links ab nach Mühlheim. In Mühlheim links ab nach Renfrizhausen, am Ortsausgang Richtung Kirchberg.

Das weitläufige Klostergelände liegt in einem Gebiet, das zahlreiche Ausflugs- und Wandermöglichkeiten anbietet. Einige Fern- und Radwanderwege sowie ein Jakobspilgerweg führen direkt am Kloster Kirchberg vorbei.
Hausgäste, die keine weiteren Touren unternehmen möchten, können die

Kirchbergwanderwege erkunden oder den „Stillen Garten" und den „Kreuzgarten" im Klosterbereich nutzen. Daneben gibt es einen Ballsportplatz und einen Spielplatz für Kinder.
Eine umfangreiche Bibliothek und ein Lesezimmer stehen den Gästen außerdem zur Verfügung.
Ein Klosterladen bietet neben einem großen Buchsortiment auch Kunsthandwerk und spezielle Produkte aus Klöstern an: Likör, Gebäck, Seifen und Öle, Weine und Honig. Und zur Einkehr lädt die Klosterschenke ein.

EIN BLICK IN DIE GESCHICHTE

1237 stiftete Graf Burkhard III. von Hohenberg Kirchberg als Dominikanerinnen-Kloster, ein damals noch recht junger Orden, der erst 1216 vom Papst anerkannt worden war.

1525 wurde das Kloster während der Bauernkriege überfallen, und 1529 wurden Gebäude durch Brand zerstört. 1530 wurde Kirchberg von der Pest heimgesucht. Alle Ordensfrauen starben – bis auf eine, die sich in der Apotheke versteckt hatte. Nach und nach zogen wieder weitere Dominikanerinnen nach Kirchberg. Das Kloster wurde damit wiederbelebt, bis es 1806 im Rahmen der Säkularisation aufgehoben wurde. Die Nonnen konnten jedoch dort bleiben, erst 1865 verließ die letzte Ordensfrau Kirchberg.

Die Klostergebäude verfielen im Laufe der Zeit, einige Teile wurden abgebrochen und zum Wiederaufbau der nahegelegenen, brandgeschädigten Stadt Rosenfeld verwendet.

1956 übernahmen die evangelischen Berneuchener Gemeinschaften Kloster Kirchberg, das seither als deren Geistliches Zentrum sowie als Tagungs- und Einkehrhaus fungiert. Die Berneuchener Gemeinschaften haben ihren Ursprung in den 1920er Jahren, als sich auf dem Gut Berneuchen in der Neumark, im heutigen Polen, evangelische Theologen und Laien trafen, um miteinander Wege für eine innere Erneuerung der Kirche zu suchen. Aus diesem Kreis gründete sich 1931 die Evangelische Michaelsbruderschaft. Gemeinsam mit der Gemeinschaft St. Michael und dem Berneuchener Dienst sind sie heute Träger vom Berneuchener Haus Kloster Kirchberg.

DAS SPEZIELLE ANGEBOT

Unter dem Titel „Aufatmen" bietet Kloster Kirchberg ein breitgefächertes Seminarangebot mit jährlich rund 100 Veranstaltungen. Die Themen reichen von geistlichen oder religiösen Tagungen über Fasten, Schweigen, kreative Tage, Seminare zu Lebensfragen oder zur sinnstiftenden

Lebensgestaltung bis hin zu Tanz und Singen. Dabei gibt es auch spezielle Angebote für Kinder, Familien oder Senioren, wie beispielsweise Meditation für Eltern und Kinder, die Feriengemeinschaft oder Ferientage für Menschen im Ruhestand.

Im kreativen Bereich widmen sich die Angebote insbesondere der Kalligraphie, Ikonen- oder Aquarellmalerei sowie dem kreativen Schreiben. Einen Schwerpunkt bilden Meditation, Yoga und Aikido, und beim Seminar „Walk and pray!" werden Gebete mit (Nordic) Walking und Joggen verknüpft.

*Kreativität
und
Ökumene*

WEITERE ANGEBOTE

Auch für externe Seminare, Gruppen-
veranstaltungen und Tagungen ist das Haus
mit seinen Räumlichkeiten und der entspan-
nenden Atmosphäre geeignet. Ebenso ist
Kloster Kirchberg für Einzelgäste ein Ort zum
Abschalten vom Alltag und für friedvolle
Ferientage.

Gäste, die seelsorgerliche Betreuung
möchten, finden beim Geistlichen Leiter
des Hauses sowie bei den Mitgliedern der
Hausgemeinde immer ein offenes Ohr und
Herz.

So ist das Berneuchener Haus Kloster
Kirchberg nicht nur ein Einkehr- und
Tagungshaus mit weltoffenem Charakter,
sondern auch ein Ort gelebter Spiritualität.

KONTAKT

Kloster Kirchberg
72172 Sulz am Neckar
Tel.: 07454/883-0
Fax: 07454/883-250
empfang@klosterkirchberg.de
www.klosterkirchberg.de

WIE IST MAN UNTERGEBRACHT

Kloster Kirchberg hat 24 Einzel- und
17 Doppelzimmer mit Dusche/WC – davon
zwei behindertengerecht - sowie 12 Einzel-
und 6 Doppelzimmer mit Etagendusche.
Zusätzlich gibt es die sogenannte
Ackerbauschule als Gebäude für Gruppen
mit bis zu 28 Personen, die sich auch
selbst verpflegen können, wenn sie möchten. Dafür stehen 1 Einzel-, 3 Doppel-,
3 Dreibett- und 3 Vierbettzimmer zur
Verfügung, jeweils mit Etagendusche. In der
Ackerbauschule befindet sich zusätzlich noch
ein 2-Zimmer-Apartment.

Die Gäste können an den Taggebetszeiten
und den Gottesdiensten teilnehmen.
Drei Mahlzeiten gibt es täglich, morgens und
abends als Buffet. Am Nachmittag hat die
Klosterschenke geöffnet, die unter anderem
auch Kaffee und Kuchen anbietet.
Nach Absprache ist für die Gäste Mitarbeit
im Garten möglich.

ETWAS BESONDERES

In der Klosterkirche oder auf der
Nonnenempore finden regelmäßig Konzerte
statt, die in der ganzen Region bekannt sind.
Die viermal täglich stattfindenden Stundengebete sind in Gregorianischer Form, entsprechend stimmungsvoll und bei den Gästen
sehr gefragt. Daran können auch Besucher
teilnehmen, die nicht im Kloster logieren.
Kloster Kirchberg ist auch Treffpunkt für
überkonfessionelle Veranstaltungen.

Abtei Benediktiner
Königsmünster

WO LIEGT DAS KLOSTER

Die Abtei Königsmünster liegt am Stadtrand
von Meschede im Sauerland. Auf einem
kleinen Berg thronend, ist die Klosteranlage
schon von weitem sichtbar. Die modernen
Bauten, das neue Konventgebäude und das
Gästegebäude „Haus der Stille" mit ihren
Glaselementen strahlen eine ganz eigene
Atmosphäre aus. Gäste, denen die imposanten klösterlichen Barockbauten vor allem
im bayerischen Raum zu erdrückend vor-
kommen, werden sich in dieser Architektur
wohlfühlen.
In zehn Minuten Fußweg erreicht man
vom Kloster aus den Waldrand und kann
von dort aus zahlreiche Wanderungen
unternehmen. Auch das Naturschutzgebiet
Hennesee ist nicht weit. Dort gibt es
Bademöglichkeiten und Bootsvermietung.

EIN BLICK IN DIE GESCHICHTE

Die Abtei Königsmünster wurde 1928 als
Niederlassung der Abtei St. Ottilien am
Ammersee gegründet. Viele Männer aus
Westfalen waren damals in die Abtei in
Bayern eingetreten, und so erwartete man
sich, dass eine Neugründung in Meschede
bald wachsen würde. Man wollte die
Ordensbrüder von dort aus als Missionare
nach Afrika und Asien senden. Die Mönche
kamen zunächst in bereits vorhandenen
Gebäuden am Stadtrand von Meschede
unter.
1932 wurde Königsmünster zu einem selbständigen Priorat und damit unabhängig
von St. Ottilien. Das neue Priorat wurde
„Christus dem König" geweiht und erhielt
den Namen „Königsmünster". Dabei ist der
Begriff „Münster" vom lateinischen „monasterium" abgeleitet, was Kloster bedeutet.

1934 konnten die Benediktiner, die eine Schule betrieben, in ein neues Klostergebäude umziehen.

1941 beschlagnahmte die Gestapo das Kloster und benutzte es als Lazarett. Die Ordensbrüder wurden vertrieben, einige auch verhaftet. 1945 kamen die ersten Mönche wieder zurück nach Meschede. 1964 wurde die Kirche eingeweiht, 1987 ein Erweiterungsbau zum Konventgebäude, da die Zahl der Mönche in den 1980er Jahren stetig gestiegen war.

ANREISE

Mit der Bahn:
Bahnhof Meschede. Von dort 10 Minuten Fußweg zum Kloster.

Mit dem Auto:
Aus Richtung Frankfurt/Köln/ Olpe kommend Ausfahrt Olpe-Süd nehmen und auf der B 55 nach Meschede. In Meschede am Ortskern vorbei über die Bahnüberführung (Antoniusbrücke). Nach der großen Kreuzung links in die Pulverturmstraße. Danach die 2. Straße rechts (Klosterberg) zur Abtei.

Aus Richtung Bremen/Dortmund/ Kassel auf der 445 Richtung Arnsberg/Brilon die Ausfahrt Meschede nehmen. Dann auf die B 55 nach Meschede-Mitte. Dann weiter wie oben.

1988 gründeten die Benediktiner von Meschede eine Niederlassung in Hannover, die „Cella St. Benedikt". Im Jahre 2001 eröffnete die Abtei mit dem „Haus der Stille" ein neues Gästehaus.

DAS SPEZIELLE ANGEBOT

Das Angebot im „Haus der Stille" widmet sich schwerpunktmäßig Lebensfragen. Es gibt Seminare wie „Das Haus meines Lebens", die sich mit der Analyse der persönlichen Lebenssituation und den Perspektiven für den weiteren Lebensweg, also für das, was ansteht, beschäftigen. Darüber hinaus werden Kurse angeboten, die einzelne Aspekte des Lebenslaufs betrachten, darunter „Leben: Tod und Geburt", „Gut leben: Freiheit, Glück, Verantwortung" oder auch „Beruf und Berufung". Hier geht es darum, einzelne biographische Stationen zu beleuchten und zu sich selbst zu finden. Weitere Kurse beschäftigen sich mit der Kontemplation – zur Ruhe kommen, in sich selbst versinken, zum Wesentlichen vordringen.

WEITERE ANGEBOTE FÜR GÄSTE

Wer sich für Entspannungs- und Meditationstechniken interessiert, findet hierzu Angebote und auch jahreszeitlich orientierte Ikebana-Kurse.
Meschede hat auch Angebote zur Trauerbewältigung für Menschen, die einen ihnen Nahestehenden verloren haben.

WIE IST MAN UNTERGEBRACHT

Das „Haus der Stille" verfügt über 20 Einzelzimmer mit Dusche/WC, davon ist eines behindertengerecht. Dieses Gästegebäude ist gedacht als eine Art „Kloster im Kloster" für Erwachsene, die einmal von der Außenwelt Abstand nehmen möchten.
Es gibt eine Halle, die als Gruppenraum genutzt werden kann, zwei Sprechzimmer und einen Speisesaal, das sogenannte Gästerefektorium. Kreuzgang und Kapelle stehen den Gästen ebenfalls offen.
Täglich werden drei Mahlzeiten sowie Kaffee am Nachmittag angeboten.
Gäste können an den Gebetszeiten der Mönche und den Eucharistiefeiern teilnehmen.
Männliche Gäste, die zu Einzelexerzitien nach Meschede kommen, werden im Klausurbereich des Klosters untergebracht.
Für jugendliche Besucher gibt es das Gästehaus „Oase" mit eigenem Veranstaltungsprogramm. Unter dem Motto „ora et labora" gibt es dort Angebote, bei denen man auch in Klosterbetrieben mitarbeiten kann.

„Ora et labora"

ETWAS BESONDERES

In Meschede sind auch externe Besucher willkommen, die sich nur für eine Abendveranstaltung in der Abtei aufhalten möchten. Regelmäßig gibt es „Abteigespräche", das heißt Vorträge zu religiösen Fragen, Konzerte in der Abteikirche, Autorenlesungen und Ausstellungen. An Samstagen werden ab 11 Uhr die beliebten Wurstwaren von Bruder Ulrich aus der Klostermetzgerei verkauft. An die-

Jedes Jahr zwischen September und November dreht sich in Königsmünster (fast) alles um den Apfel. In der Mosterei des Klosters werden jährlich etwa 40.000 Liter Apfelsaft produziert – vorwiegend aus dem Klosteranbau. Aber auch Nachbarn aus dem Umland können ihre Äpfel zur Verarbeitung ins Kloster bringen. Das Kloster hat auch hand- und kunsthandwerkliche Betriebe, deren Produkte zum Teil

KONTAKT

Abtei Königsmünster
Klosterberg 11
59872 Meschede
Tel.: 0291/2995-210
Fax: 0291/2995-217
gaestebereich@koenigsmuenster.de
www.abtei-koenigsmuenster.de

sen Tagen ist zwischen 11 und 13 Uhr auch der Ausstellungsraum des Klosters geöffnet. Für einen geringen Betrag gibt es dort frischen Eintopf aus der Klosterküche. Diese Verköstigung hat inzwischen schon einige Berühmtheit erlangt, manche Besucher kommen sogar aus dem Berliner Raum. Überhaupt kommt die Verpflegung in der Abtei zum großen Teil aus klostereigenen Betrieben, darunter Bäckerei, Gärtnerei und Metzgerei.

im Abteiladen erworben werden können: Schmiede, Schneiderei, Schreinerei, Töpferei und Weberei.

Abtei Plankstetten   Benediktiner

ANREISE

Mit der Bahn:
Von Nürnberg – Regensburg bis Neumarkt/Oberpfalz, dann Bus 515 Richtung Dietfurt, Haltestelle Plankstetten. Von dort fünf Minuten Fußweg zum Kloster.

Von München bis Ingolstadt oder Eichstätt. Von dort jeweils den Bahnbus nach Beilngries nehmen.

Von Beilngries noch 4 km nach Plankstetten mit dem Bahnbus Richtung Neumarkt oder mit dem Taxi.

Mit dem Auto:
Auf der A 9 Nürnberg-München Abfahrt Greding nehmen. Von dort ist der Weg zum Kloster ausgeschildert. Fahrzeit ab Abfahrt etwa 15 Minuten.

WO LIEGT DAS KLOSTER

Die Abtei Plankstetten liegt zwischen Berching und Beilngries im Altmühltal. Den auf einer Anhöhe liegenden Klosterbau sieht man schon aus der Ferne. Es ist eine geschlossene Anlage, die als Ausflugsziel sehr gefragt ist. Dies liegt unter anderem an der Klosterschenke mit Biergarten. Hier wird das ökologisch gebraute, naturtrübe Plankstettener Bier ausgeschenkt. Serviert werden Produkte aus der klostereigenen Metzgerei, Gärtnerei und Bäckerei. Wer lieber selbst zu Hause kocht, kann die Produkte auch im Klosterladen erwerben. Neben kulinarischer gibt es geistige Nahrung: Das Kloster betreibt auf seinem Areal eine Buchhandlung.
Man ist also in Plankstetten ganzheitlich bestens versorgt und kann auch noch ausgedehnte Wanderungen und Radtouren im Altmühltal unternehmen.

EIN BLICK IN DIE GESCHICHTE

Das Kloster wurde bereits im Jahr 1129 begründet. Aus dieser Zeit stammt noch der kunsthistorisch bedeutsame romanische Kirchenbau. In der zweiten Hälfte des 15. Jahrhunderts wurden die geistlichen und wirtschaftlichen Strukturen des Klosters grundlegend reformiert. Maßgebend dabei war Abt Ulrich IV. Dürner, unter dessen Ägide 1461 auch die ersten Klosterbiere gebraut wurden. Bis 1958 wurden sie im klostereigenen Brauhaus hergestellt, das inzwischen zur Bibliothek umfunktioniert ist. Die barocke Abtei stammt im wesentlichen aus dem Anfang des 18. Jahrhunderts. 1806 wurde das Kloster säkularisiert.

Zwar fielen einige Klostertrakte dem Abriss zum Opfer, aber die Gebäudestruktur blieb erhalten. Erst ein knappes Jahrhundert später, nämlich 1904, erfolgte die Neugründung von Plankstetten durch Mönche des Klosters Scheyern bei Pfaffenhofen/Ilm.
1907 eröffneten die Plankstettener Ordensleute eine Landwirtschaftsschule, die 1934 geschlossen werden musste, aber nach dem Krieg für einige Jahre weitergeführt wurde, bis das Kloster 1958 eine Mittelschule mit Internat eröffnete. Seit 1989 befindet sich in den Räumen der früheren Schule das Tagungs- und Gästehaus St. Gregor.

DAS SPEZIELLE ANGEBOT

Kloster Plankstetten veranstaltet regelmäßig mehrmals im Jahr Seminare zur Lebensorientierung, die unter dem Motto „Kraft zum Menschsein" stehen. Zielgruppen sind Frauen und Männer aller Altersgruppen, die sich ausgebrannt, erschöpft und entmutigt fühlen und nach neuen Wegen zu einer erfüllten Lebensform suchen. Im klösterlichen Ambiente, umgeben von der monastischen Spiritualität, sollen die Teilnehmer das Gespür für die richtige Balance im Leben bekommen. Frei nach dem benediktinischen Leitspruch „Alles im rechten Maß".
Schwerpunkte der Seminare sind – nach einer Analyse der individuellen Belastungssituation – das Erlernen von Entspannungstechniken und die Entwicklung von Problemlösungsstrategien, die dem Einzelnen ermöglichen sollen, sein Leben in den Griff zu bekommen. Weitere wichtige Faktoren sind die Bewegung in der Natur – Joggen, Walken, Gymnastik – sowie eine ausgewogene Ernährung.

Im Rahmen des Seminars lernen die Teilnehmer aber nicht nur in der Theorie, wie sie sich gesund ernähren können, sondern sind auch selbst unter Anleitung der Köche in der Klosterküche aktiv.

WEITERE ANGEBOTE FÜR GÄSTE

Das Angebot in Plankstetten ist vielfältig, und die angesprochenen Zielgruppen sind breit gefächert. Hier sind auch Kurse für Kinder und Jugendliche im Programm – Besinnungs- und Gesundheitstage und Workshop Klavier beispielsweise. Dies ermöglicht auch ganzen Familien, eine Auszeit im Kloster zu nehmen. Unter den zahlreichen Angeboten für die erwachsenen Gäste gibt es Seminare zur Baukunst, literarische Seminare, Besinnungskurse zu einzelnen Heiligen, Oasentage und Kurse zum Gregorianischen Choral. Zwei besondere Angebote stechen darüber hinaus hervor: Frater Bonifatius, der verantwortlich ist für die klösterliche Bäckerei, veranstaltet mehrmals im Jahr Backkurse. Einen Nachmittag lernt man dann in seiner Backstube, wie man Brot, Krapfen oder Stollen backt.

Andere Fingerfertigkeiten erfordern die Vergoldungskurse, in denen man die Technik des Ölvergoldens oder die Verwendung von Blattgold Schritt für Schritt erlernt und gleichzeitig einen Überblick über die Entwicklung der Vergoldungstechnik erhält. Es gibt regelmäßig Angebote für Anfänger und Fortgeschrittene.

WIE IST MAN UNTERGEBRACHT

Plankstetten verfügt über 10 Einzel-, 10 Doppelzimmer und ein 4-Bett-Zimmer mit Waschbecken und Dusche/WC auf dem Flur. Darüber hinaus gibt es 14 Einzel-, 10 Doppel- und vier 3-Bett-Zimmer mit Nasszellen. Von einigen Zimmern geht der Blick Richtung Norden ins Altmühltal, die anderen haben eine Aussicht in den Klosterinnenhof. Plankstetten verfügt über 10 Konferenz- und Tagungsräume, die auch von Gruppen gebucht werden können, die an keiner speziellen Veranstaltung des Gästehauses teilnehmen, sondern nur dort wohnen.

Täglich werden drei Mahlzeiten sowie Kaffee und Kuchen am Nachmittag angeboten. Alle Gäste können an den Gebetszeiten teilnehmen. Es gibt, bei rechtzeitiger Anmeldung, auch Gelegenheit zu Gesprächen mit den Mönchen. Nach Absprache können Einzelgäste in einem der Klosterbetriebe – Gärtnerei, Landwirtschaft oder Küche – mitarbeiten.

ETWAS BESONDERES

Plankstetten hat eine sehens- und lesenswerte Bibliothek. Bereits in der zweiten Hälfte des 15. Jahrhunderts verfügte die Abtei über ein eigenes Scriptorium, eine Schreibstube, in der die Mönche Handschriften anfertigten. 30 Handschriften aus dieser Zeit gibt es noch, sie befinden sich allerdings in den Staatsbibliotheken von München, Augsburg und Eichstätt. Die heutige Bibliothek in Plankstetten verfügt über rund 60.000 Bände, davon stammen 9.000 Bücher aus dem 18. und 19. Jahrhundert. Die Bestände der Bibliothek können im Lesesaal benutzt oder elektronisch über die Universitätsbibliothek Eichstätt abgerufen werden. Außerdem gibt es im Klosterareal eine Dauerausstellung „Glauben und Handeln", welche die benediktinischen Schwerpunkte – den geistlichen und den werktätigen – anschaulich präsentiert.

KONTAKT

Benediktinerabtei Plankstetten

Klosterplatz 1
92334 Berching
Tel.: 08462/206-0
Fax: 08462/206-121
info@kloster-plankstetten.de
www.kloster-plankstetten.de

Erzabtei Beuron   Benediktiner

ANREISE

Mit dem Zug:
Bahnhof Beuron, von dort etwa
250 m zu Fuß zum Kloster.

Mit dem Auto:
Nach Sigmaringen. Dort gibt es
bereits eine Beschilderung zum
Kloster: Beuron liegt an der Strecke
Richtung Tuttlingen.

WO LIEGT DAS KLOSTER

Im Zentrum des Naturparks Obere Donau, in der Mitte des Donaudurchbruchs durch den südwestlichen Ausläufer des Schwäbischen Jura, liegt das Kloster Beuron. Die Klosteranlage befindet sich in einem von schroffen Felsen umrahmten Talkessel. „Tal der Mönche" heißt daher auch eine reizvolle Wanderroute entlang der Flußschleifen der jungen Donau zwischen dem mittelalterlichen Städtchen Fridingen und Sigmaringen.

In diesem „Tal der Mönche" gibt es einen bemerkenswerten Artenreichtum an Pflanzen und Tieren. Funde aus der Steinzeit, der Bronzezeit und der La-Tène-Zeit bezeugen, dass diese Region bereits in vorgeschichtlicher Zeit bewohnt gewesen sein muss. Darauf deutet auch der Ursprung des Namens

Beuron hin, der abgeleitet ist von dem Begriff „Buron" (= Häuser).

Das gesamte landschaftliche Gebiet mit den weitläufigen Buchenwäldern, Höhlen und Felsformationen ist ein Dorado für Naturfreunde.

Neben dem Kloster gibt es in dieser Region zahlreiche Ritterburgen und Fürstenschlösser, darunter Burg Kallenberg, Schloss Bronnen, Burg Wildenstein – heute Jugendherberge –, Schloss Werenwag und die Ruine Falkenstein.

Beuron ist auch ein traditioneller Wallfahrtsort. Seit dem späten Mittelalter besuchen Pilger das Gnadenbild der Schmerzensmutter, das in einer eigenen Kapelle untergebracht ist.

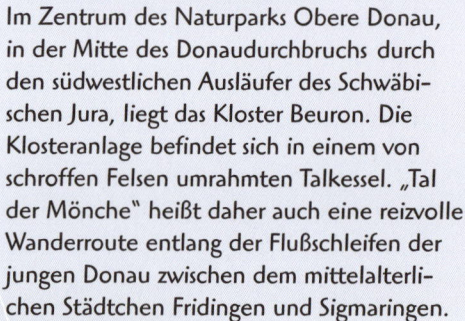

EIN BLICK IN DIE GESCHICHTE

Der Sage nach hat Gerold von Bussen, ein Gefolgsmann Karls des Großen, 777 das erste Kloster Beuron gegründet. Die Anlage wurde durch die Ungarn zerstört.

1077 erfolgte der Wiederaufbau des Klosters an der heutigen Stelle. Die erste erhaltene Urkunde über Beuron stammt aus dem Jahr 1097, darin bestätigt Papst Urban die Klostergründung und stellt die Mönchsgemeinschaft – damals noch Augustiner-Chorherren – unter seinen Schutz.

Im Dreißigjährigen Krieg wurde die Klosteranlage fast völlig zerstört, doch bereits 1694 wurde Franz Beer mit dem Wiederaufbau von Ost- und Westflügel beauftragt. Zwischen 1732 und 1738 wurde die Kirche durch Matthäus Scharpf neu errichtet. Im Rahmen der Säkularisation wurde das Kloster aufgehoben und die Besitzungen dem Hause Hohenzollern-Sigmaringen übertragen.

Eine Stiftung der Fürstin Katharina von Hohenzollern an die aus Rom kommenden Benediktiner Maurus und Plazidus Wolter ermöglichte 1862 einen Neubeginn in Beuron mit Benediktinermönchen.

Da Beuron in den hohenzollernschen Landstrichen lag, die 1849 zu Preußen gekommen waren, mussten die Benediktiner im Rahmen des preußischen Kulturkampfs

„Alles im rechten Maß"
(Leitspruch der Benediktiner)

1875 das Kloster verlassen, kehrten aber 1887 wieder zurück. Im Laufe der folgenden Jahrzehnte wuchs die Mönchsgemeinschaft stetig, und die Klosteranlage erfuhr zahlreiche Erweiterungen.

DAS SPEZIELLE ANGEBOT

Mehrmals im Jahr findet in Beuron eine mehrtägige Veranstaltung statt, die unter dem Motto „Das Herzensgebet" steht. Unter der geistlichen Führung von Pater Stephan Petzold trifft man sich an diesen Tagen zu Kurzreferaten, Lichtbildmeditationen, stillem Gebet, gemeinsamem Schweigen und zur Liturgie in der Abteikirche.
Beuron ist mit seiner historischen Bausubstanz und seiner Ausstattung selbst ein Anziehungspunkt für Kunstinteressierte. Was liegt näher, als in diesem Ambiente regelmäßig Veranstaltungen zur europäischen Baukunst anzubieten. „Schauen und Staunen" heißen die Seminare, die sich mit verschiedenen Phasen deutscher Baukunst auseinandersetzen, darunter Gotik, Romantik, Rokoko.

WEITERE ANGEBOTE FÜR GÄSTE

Alle ein bis zwei Jahre finden in Beuron die „Edith-Stein-Tage" statt. Sie erinnern an Leben und Werk der 1891 geborenen und 1942 in Auschwitz ums Leben gekommenen Philosophin, die vom jüdischen Glauben zum Katholizismus konvertierte und 1933 in den Karmeliterorden eintrat. Die Veranstaltungen greifen Impulse aus ihrem Denken und Wirken und ihre Bedeutung für die heutige Kirche auf, beispielsweise Frauenfragen.

In der Reihe „Benediktinische Mystik" werden Aspekte aus der Regel Benedikts, die im Laufe von 1500 Jahren das Ordensleben beeinflussten, exemplarisch behandelt. Seit September 2002 gibt es in Beuron jeden ersten Samstagabend im Monat eine „Holy Hour". Eingeladen dazu sind Jugendliche und „Junggebliebene", die zusammen mit den Mönchen die Komplet

beten und das Allerheiligste anbeten wollen. Der Abend klingt mit einem gemütlichen Beisammensein aus.
Zum „Geistlichen Treffpunkt" bitten die Mönche von Beuron jeden Sonntagnachmittag. An die lateinisch gesungene Vesper schließt sich jeweils ein Vortrag zu theologischen oder spirituellen Themen an.

KONTAKT

Erzabtei St. Martin
Abteistr. 2
88631 Beuron
Tel.: 07466/17-158
Fax: 07466/17-159
gastpater@erzabtei-beuron.de
www.erzabtei-beuron.de

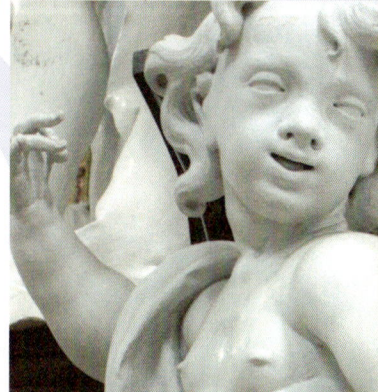

WIE IST MAN UNTERGEBRACHT

Beuron verfügt über 19 Einzelzimmer mit Dusche/WC, 21 Einzel-
und 4 Doppelzimmer mit Etagendusche sowie zwei Schlafsäle mit
8 beziehungsweise 14 Stockbett-
plätzen, hierfür müssen Schlafsäcke
mitgebracht werden. Manche
Zimmer im 3. Stock haben einen
Ausblick zum sogenannten
Petersfelsen, der an Festtagen
nachts angestrahlt wird.

Außerhalb der Kurse können
Herren als Einzelgäste aufgenom-
men werden, sie sind allerdings
ebenfalls im Gästebereich des
Klosters untergebracht, nicht in der
Klausur.

Die Gäste können am Chorgebet
der Mönche sowie an deren
Gottesdiensten teilnehmen. Nur
Terz und Mittagshore finden aus-
schließlich im Kreis der Mönche im
Kapitelsaal statt.

Gegessen wird in einem gesonderten Speisesaal. Nur nach
Rücksprache mit dem Gastpater
können in Einzelfällen männliche Gäste zusammen mit den
Ordensbrüdern essen.

Täglich gibt es drei Mahlzeiten
sowie Kaffee am Nachmittag.
Gelegentlich ist – je nach Wetter
und Bedarf – für Gäste die
Mitarbeit im Klostergarten möglich.

ETWAS BESONDERES

Die Erzabtei Beuron verfügt über eine
ganze Menge besonderer Anziehungspunkte
für Gäste.

In der zweiten Hälfte des 19. Jahrhunderts
begründeten die Beuroner Mönche eine
eigene Kunstrichtung, mit der sie weg wollten von der Gefühlsgebundenheit damaliger
christlicher Kunst hin zu einer sachlichen
Darstellung christlicher Glaubensmotive.
Zeugnisse dieser in der Kunstgeschichte als
„Beuroner Kunst" bezeichneten Richtung
sind unter anderem die Gnadenkapelle und
der Speisesaal der Klosterfamilie.

Seit September 2005 gibt es in Beuron
einen eigenen Ausstellungsbereich, in dem
Beispiele der durch Beuroner Kunst beeinflussten Werke gezeigt werden.

Das Kloster verfügt darüber hinaus auch
über zwei Museen – das Bibelmuseum und
die Naturkundliche Sammlung.

Bekannt ist auch der Beuroner
Kunstverlag, in dem unter anderem die
deutsche Ausgabe der „Regel des heiligen Benedikt" verlegt wird. Werke aus
der Verlagsproduktion findet man in der
großen Klosterbuchhandlung neben der
Abteikirche.

Und nach so viel geistiger Nahrung
wird man sich über Köstlichkeiten aus
der Beuroner Destillerie freuen, zum
Beispiel Apfelbrand aus dem Eichenfaß,
Obstbrand oder Quittengeist oder auch
über die berühmten Wurstwaren aus der
Klostermetzgerei.

Eine Kuriosität gibt es noch: Das Kloster
verfügt über ein technisches Museumsstück
in der zur Abtei gehörenden Domäne
St. Maurus. Es handelt sich um ein kleines
Elektrizitätswerk, aus dem die Mönche
ihren Strom beziehen.

Communität Casteller Ring # Geistliches Zentrum Schwanberg

WO LIEGT DAS KLOSTER

Der Schwanberg liegt hoch über dem Maintal in der Nähe von Kitzingen. Weinberge prägen die Landschaft. Ein Blickfang des Areals stellt die Schlossanlage dar, deren Grundmauern aus dem 13. Jahrhundert stammen. Daran schließt sich eine Reihe von Neubauten an, die unter anderem Gästeunterkünfte und Tagungsräume beherbergen.

Die exponierte Lage des Komplexes ermöglicht einen weiten Blick in die umliegende Landschaft. Rings um die Schlossanlage erstrecken sich Waldgebiete. Hier hat man die Städte und Dörfer der Umgebung im Blick, ist aber gleichzeitig abgeschottet von Hektik und Lärm. Wander- und Radtourenmöglichkeiten gibt es zur Genüge. Und ganzjährig kann man in der fränkischen Region vorzügliche Weinproben machen.

EIN BLICK IN DIE GESCHICHTE

Die Communität Casteller Ring ist eine Gruppe von Frauen, die in der Evangelisch-Lutherischen Kirche als Ordensgemeinschaft im Geist der Regel des hl. Benedikt lebt. Die Communität wurde 1950 von Christel Schmid und Maria Pfister in Castell/Unterfranken gegründet. Nach dem Ort benannten die beiden Frauen ihre Gemeinschaft. Sie bauten den Bund christlicher Pfadfinderinnen in Bayern auf, dessen Zentrale in Castell war.

Schon vor der offiziellen Gründung ihrer Communität lebten sie nach den Regeln Benedikts, ohne dies nach außen kundzutun. Gütergemeinschaft, Ehelosigkeit und Selbstverleugnung waren ihre Prinzipien.

Da die Räumlichkeiten in Castell zu klein wurden, mietete der Pfadfinderinnen-Dienst 1957 Schloss Schwanberg. Zu diesem Zeitpunkt trat die Communität mit ihrem Lebenskonzept an die Öffentlichkeit, unterstützt vom damaligen Landesbischof Hermann Dietzfelbinger.
Im Laufe der folgenden Jahrzehnte wurde

der Schwanberg zum „Geistlichen Zentrum Schwanberg e. V." ausgebaut. In den 1980er Jahren entstand das neue Ordenshaus. Heute gibt es neben der Tagungsstätte im Schloss das Haus St. Michael und den Jugendhof Schwanberg (Schullandheim). Die Schwestern der Communität ließen sich auch in Nürnberg, Augsburg, Erfurt sowie zwischen 1981 und 1989 in München und zwischen 1991 und 2000 in Hildesheim nieder.
Es gibt verschiedene Formen der Zugehörigkeit zur Communität: als Schwester, als Mitlebende auf Zeit oder als Oblatin.

ANREISE

Mit der Bahn:
Bahnhöfe Kitzingen oder Iphofen. Bei vorheriger Vereinbarung wird von dort die Abholung mit einem Taxi organisiert.

Mit dem Auto:
Auf der A 3 Nürnberg-Würzburg die Ausfahrt Wiesentheid nehmen. Dann weiter über Rüdenhausen und Wiesenbronn zum Schwanberg.

Evangelisches Leben
im Geist der Benediktusregel

DAS SPEZIELLE ANGEBOT

Die Communität arbeitet im Geistlichen Zentrum Schwanberg e. V. verantwortlich mit. Es hat ein sehr umfangreiches Veranstaltungsangebot für Gäste, aus dem zwei Themenkomplexe hervorstechen. Dies ist einmal der Bereich Meditation. Hier gibt es Seminare zu Festen des Kirchenjahres. Man lernt dabei die Grundübungen der Schweigemeditation, Atemführung, Übungen zur Aufmerksamkeit und die Analyse von Bibeltexten.

In den Seminaren zum Themenkreis Meditation und Leibarbeit kommen Körperübungen hinzu. Bei Meditation und Fasten entdeckt man die spirituelle Dimension des Fastens in der Gruppe. Die Kontemplationskurse finden überwiegend im Schweigen statt.
Ein zweiter wichtiger Themenkomplex sind die Glaubenskurse. Man widmet sich der Frage, was Glaube heute noch bedeutet, beschäftigt sich mit Schicksalsfragen des Lebens – wie Sterben, Tod und Trauer – oder kommt in Bibliodramakursen der Verbindung des eigenen mit dem Leben Christi näher.
Gezielt an Frauen richtet sich eine Reihe von Angeboten. Darunter Frauentagungen oder Impulstage für Frauen, sich in ihrer Haut wohlzufühlen unter dem Motto „Zeit für mich".

WEITERE ANGEBOTE FÜR GÄSTE

Lebensbegleitung bieten die Schwestern auf dem Schwanberg, darunter Kurse für Führungskräfte und Seminare für Menschen, die an der Schwelle zum Ruhestand stehen.

Für Kreative gibt es eine ganze Reihe von Angeboten: Ikonenmalkurse, Plastisches Gestalten, Puppenspiel oder Malkurse. Und wer etwas für seinen Körper tun möchte, findet unter „fit und fromm" an einem Wochenende die Kombination von geistlichen und sportlichen Angeboten.

ETWAS BESONDERES

Jede Woche gibt es drei offene Veranstaltungen, an denen man ohne Anmeldung teilnehmen kann: Jeden Montag trifft man sich um 20.30 Uhr zur Meditation in der St. Michaelskapelle.

Donnerstags findet ebenfalls um 20.30 Uhr das wöchentliche Bibelgespräch statt, und am Samstagvormittag wird Meditatives Malen angeboten.

KONTAKT

Geistliches Zentrum Schwanberg
97348 Rödelsee
Tel.: 09323/32-0
Fax: 09323/32-116
mail@schwanberg.de
www.schwanberg.de

WIE IST MAN UNTERGEBRACHT

Die Tagungsstätte Schloss Schwanberg hat 40 Einzel- und 10 Doppelzimmer, einige davon mit Dusche und WC. Im Haus gibt es neben Tagungs- und Gruppenräumen zwei alte Gewölbe – eines mit offenem Kamin – zum gemütlichen Beisammensein. Im Einkehrhaus St. Michael, das als stilles Haus zwischen der Kirche und dem Ordenshaus der Communität liegt, gibt es 24 Einzelzimmer mit

Dusche und WC sowie Meditations- und Seminarräume.

Der Jugendhof Schwanberg ist ein Gästehaus für Kinder, Jugendliche und Familien. Aufgeteilt auf vier Bungalows stehen 64 Betten in 16 Vierbettzimmern sowie 4 Zimmer für BetreuerInnen zur Verfügung. Alle Gäste sind zu den vier täglichen Stundengebeten und den drei wöchentlichen Abendmahlsgottesdiensten eingeladen. Die Gäste aller Häuser erhalten drei Mahlzeiten täglich sowie Kaffee am Nachmittag.

Für Kinder, Jugendliche und Familien bietet das Geistliche Zentrum ein umfangreiches eigenes Programm, beispielsweise Sommerfreizeiten, Singkurse oder Mutter-Kind-Tage.

Abtei Zisterzienser
Unserer Lieben Frau Himmerod

WO LIEGT DAS KLOSTER

Die Zisterzienserabtei Himmerod liegt in der reizvollen Eifellandschaft, im Tal des Flüßchens Salm, rund zwölf Kilometer von der Ortschaft Manderscheid entfernt. Das weiträumige, von Höhenzügen umgebene Gelände entsprach zur Gründungszeit des Klosters genau den Vorstellungen, die die Zisterzienser von der Position ihrer Klöster hatten – einsam und abgeschieden, damit man Gott näherkommen konnte.

So abgeschieden wie im 12. Jahrhundert ist es in Himmerod heute nicht mehr, aber dennoch weitab von Trubel und städtischem Lärm. Hier kann man ausgedehnte Wanderungen unternehmen, Radtouren machen und beispielsweise die drei Burgen von Manderscheid besichtigen. Im Sommer lädt das Meerfelder Maar zu einem Badeausflug ein.

ANREISE

Mit der Bahn:
Bahnhof Wittlich, dann mit dem Bus Richtung Daun oder Oberkeil. Bei rechtzeitiger Vereinbarung wird man auch durch Mitarbeiter des Klosters in Wittlich abgeholt.

Mit dem Auto:
Auf der A 60 Abfahrt Landscheid nehmen, dann der Beschilderung nach Himmerod folgen.

EIN BLICK IN DIE GESCHICHTE

Himmerod war die 14. Klostergründung des hl. Bernhard von Clairvaux und die erste in Deutschland überhaupt. 1134 sandte er Abt Randulf und eine Gruppe von Mönchen von Clairvaux in das Bistum Trier. Sie ließen sich kurzzeitig nahe dem Trierer Dom und anschließend in Winterbach an der Kyll nieder, bis Bernhard von Clairvaux ein Jahr später selbst ins Trierer Bistum reiste und den heutigen Standort des Klosters als endgültige Niederlassung bestimmte.

Bald nach der Klosterweihe schickte Bernhard seinen Baumeister Achard (Eckhard) nach Himmerod, um die Klosteranlage zu planen. 1178 wurde der romanische Kirchenbau eingeweiht.

1188 gründete Himmerod in der Erzdiözese Köln ein Tochterkloster: Kloster Heisterbach lag rechtsrheinisch am Fuße des Petersbergs.

Ab dem 16. Jahrhundert entwickelte sich Himmerod zu einem geistigen Zentrum, dessen Mönche nicht nur Hausstudien betrieben, sondern sich auch außerhalb der Klostermauern theologischen Studien widmeten und hierzu beispielsweise nach Paris, Köln oder Heidelberg reisten.

Mit der Französischen Revolution und der Säkularisation 1802 nahm diese Blütezeit ein jähes Ende. Nicht nur die Klosteranlagen selbst, sondern die gesamte Organisation des Zisterzienserordens wurde zerstört. Himmerod wurde als Steinbruch genutzt.

Erst 1919 siedelten sich in Himmerod wieder Zisterzienser an. Sie kamen aus Mariastern (Bosnien) und mussten aus politischen Gründen ihre Heimat verlassen. Sieben Mönche begannen mit der Wiedererrichtung der Klosteranlage. 1934 konfiszierten die Nationalsozialisten das klösterliche Vermögen und vereitelten den Wiederaufbau der Klosterkirche, die dadurch erst 1960 eingeweiht werden konnte. Das Kloster diente in der Zeit des Zweiten Weltkriegs als Lazarett, die Mönche blieben vor Ort und halfen bei der Betreuung der Patienten mit.

DAS SPEZIELLE ANGEBOT

Die Himmeroder Zisterzienser legen den Schwerpunkt ihres Programmangebots auf die Meditation.

Einmal pro Monat finden Meditationswochenenden unter der Leitung von Pater Martin Stork statt, an denen man „die Seele baumeln lassen" kann. Gemeinsam schweigt man und hört in die Stille, um Dingen auf den Grund zu kommen, die im hektischen Alltagstrubel untergehen.

Regelmäßig finden Meditationswanderwochen statt, in denen man Himmerods Umgebung bei Spaziergängen in Schweigen erkundet, die Natur auf sich wirken lässt und meditiert.

Und bekannt sind die „Himmeroder Meditationsnächte", die jeden Monat an einem Samstag zwischen 19 und 23 Uhr stattfinden. Gemeinsam meditiert man an Stationen in der und um die Abtei, kombiniert mit Gebeten, Musik und Taizé-Gesängen. Der Abend endet mit einer Eucharistiefeier und Möglichkeiten zum Gespräch.

WEITERE ANGEBOTE FÜR GÄSTE

Die „Alte Mühle" aus dem 17. Jahrhundert ist das älteste noch erhaltene Bauwerk in Himmerod. Sie wurde nach einer umfangreichen Restaurierung 1998 als Bildungs- und Begegnungszentrum wiedereröffnet. Hier ist unter anderem ein Museum zur Geschichte des Zisterzienserordens untergebracht, daneben finden regelmäßig Ausstellungen und Veranstaltungen statt. Das Angebot ist vor allem im kreativen Bereich angesiedelt. Künstler bieten beispielsweise Emaillekurse an, Wochenendseminare für Porzellanmalerei oder auch mehrtägige Veranstaltungen, in denen man lernt, Silberschmuck herzustellen.

KONTAKT

Abtei Himmerod
Himmerod 3
54534 Großlittgen
Tel.: 06575/9513-0

Fax: 06575/9513-20
abtei_himmerod@yahoo.de
www.kloster-himmerod.de

WIE IST MAN UNTERGEBRACHT

Die Abtei verfügt über einen Gästeflügel mit 25 Einzel- und 5 Doppelzimmern mit Etagendusche. Darüber hinaus stehen im Gästehaus 10 weitere Doppel- und 25 Einzelzimmer mit Etagendusche zur Verfügung.
Bewirtet werden die Gäste mit drei Mahlzeiten täglich.
Die Teilnahme an den Gebetszeiten der Mönche steht jedem Gast offen, es gibt darüber hinaus auch zusätzlich Morgen- und Abendmeditationen im Gästetrakt.
Mitarbeit im Kloster ist nur nach spezieller Absprache möglich.

ETWAS BESONDERES

Fischzucht gehört traditionell zu den klösterlichen Betrieben, da es den Ordensleuten nicht erlaubt war, Fleisch zu essen. Aus diesem Grund sind viele Klöster auch direkt an Gewässern oder in wasserreichen Gebieten angesiedelt. In Himmerod zog man in Teichanlagen der näheren Umgebung des Klosters Hechte, Schleien und Karpfen. Dies ist noch heute so.

Zwar haben die Mönche die Fischzucht inzwischen verpachtet, aber sie gehört nach wie vor zum Besitz der Abtei. Gäste können von dieser Himmeroder „Spezialität" selbst profitieren – in Form einer Besichtigung der Teichanlagen, eines freien Angelplatzes oder eines Fischangebots für den heimischen Herd.
Im Klosterladen gibt es weitere Himmeroder Produkte wie das Klosterbrot, den Klosterhonig, das Abteibier, Eifel-Viez (Apfelwein) und Apfelsaft, hergestellt aus Äpfeln des Klostergartens, Klostersenf und Klosterlikör.

Barmherzige Schwestern vom hl. Vinzenz von Paul

Kloster Untermarchtal

WO LIEGT DAS KLOSTER

Mitten im Donautal, rund 40 Kilometer von Ulm entfernt, liegt das Kloster Untermarchtal. Der Klosterkomplex befindet sich direkt an der Donau, umgeben von einem schönen Garten. Die Auen und benachbarten Waldregionen laden zum Wandern ein.
Entlang der Oberschwäbischen Barockstraße kann man berühmte Orte und Bauten aus dieser Zeit besichtigen. Darunter Kloster Zwiefalten, Sigmaringen und das Kloster Obermarchtal. Auch das ehemalige Kloster Blaubeuren und seine Kirche sind einen Ausflug wert.

EIN BLICK IN DIE GESCHICHTE

1633 gründete der aus den französischen Pyrenäen stammende Priester Vinzenz von Paul zusammen mit Luise de Marillac die Gemeinschaft der Barmherzigen Schwestern in Paris. Sie widmeten sich zunächst den Armen und der Pflege von Kranken.
1852 kamen die ersten vier Barmherzigen Schwestern aus dem französischen Mutterhaus nach Schwäbisch Gmünd.

Sie waren in den örtlichen beiden Spitälern tätig und bereiteten eine klösterliche Neugründung in dieser Region vor. 1858 konnte in Schwäbisch Gmünd schließlich das deutsche Mutterhaus der Barmherzigen Schwestern eröffnet werden. In den folgenden Jahren eröffneten die Ordensfrauen eine Nervenheilanstalt, eine psychiatrische Klinik und eine Gehörlosenschule.
Sehr schnell wuchs auch die Zahl der Schwestern, und eine Erweiterung des Mutterhauses war dringend notwendig geworden, aber in Schwäbisch Gmünd aus Platzgründen nicht möglich. Schließlich stellte ein örtlicher Kaufmann, der Vater einer der Ordensfrauen, der auf über 600 Schwestern in 80 Niederlassungen angewachsenen Gemeinschaft das ehemalige Schlossgut der Herren von Speth in Untermarchtal als Mutterhaus zur Verfügung. Das Schloss St. Agnes, ältester Bau der Klosteranlage, steht heute noch.
In Untermarchtal leben die Schwestern seit 1891, auch in der nationalsozialistischen Zeit blieben Ordensfrauen im Kloster, das in großen Teilen als Lazarett genutzt wurde, und nähten Militärkleidung.

ANREISE

Mit der Bahn:
Bahnhof Munderkingen. Von dort 2 km mit dem Bus bis Untermarchtal oder Abholung durch das Kloster.

Mit dem Auto:
Auf der B 311 zwischen Ulm und Sigmaringen die Abzweigung Untermarchtal nehmen.

DAS SPEZIELLE ANGEBOT

Seit mehr als 100 Jahren betreiben die Barmherzigen Schwestern das Exerzitien- und Bildungshaus St. Ignaz. Das Angebot ist vielfältig. Einer der Schwerpunkte liegt auf Besinnungswochen und -wochenenden. Dabei gibt es eine Reihe „Oasen mitten im Alltag", die sich speziell an Frauen ab 30 wendet. Hier kann man bei Gesprächen, Meditation, Gebet zu sich selbst finden. In den Traumseminaren – es gibt Einführungs- und Aufbaukurse – werden die Inhalte der Träume ans Tageslicht befördert und behutsam analysiert.

An Trauernde richten sich spezielle Wochenenden, an denen sich die Teilnehmer über ihre Lebenssituation austauschen und auch geistliche Begleitung durch die Schwestern erfahren können.

Zahlreiche mehrtägige Kreativkurse enthält das Programm außerdem. Darunter „Malen nach Musik und Lyrik", „Herstellen von biblischen Erzählfiguren", „Ikonenmalen". Auch den Themenbereichen Tanz und Musik sind einige Veranstaltungen gewidmet – Musikwochenenden, Tanz und Körperarbeit, Tanztage.

WEITERE ANGEBOTE FÜR GÄSTE

Meditationsabende finden zweimal monatlich unter dem Motto „Den Reichtum des Schweigens entdecken" statt und wenden sich an Menschen, die für einige Stunden dem Lärm und der Hektik des Alltags entfliehen, um in der Stille des klösterlichen Ambientes ruhig zu werden und zu ihrer Mitte zu finden.

Dies geschieht mit Leib- und Wahrnehmungsübungen auf der Basis der Eutonie und durch Schweige-Meditation.

Speziell an Seniorinnen und Senioren richten sich die Tage in der Veranstaltungsreihe LimA (= Lebensqualität im Alter). Hier geht es um Gedächtnistraining, Bewegung, Alltagsfähigkeiten und Glaubensfragen.

WIE IST MAN UNTERGEBRACHT

In Untermarchtal gibt es eine große Bettenkapazität. 100 Einzel-, 31 Doppelzimmer und 6 Familienapartments – alle mit Dusche/WC – stehen den Gästen zur Verfügung. Das Gästehaus verfügt auch über ein Hallenbad und eine Turnhalle. Täglich gibt es drei Mahlzeiten sowie Kaffee am Nachmittag.

ETWAS BESONDERES

Für Mädchen zwischen 10 und 13 sowie zwischen 14 und 16 Jahren veranstalten die Barmherzigen Schwestern in den Sommerferien ein einwöchiges „TRAUMhaftes Sommererlebnis" in der „Villa Sonnenschein", einer Holzhütte am Ortsrand von Untermarchtal, in dem sich die Mädels und die betreuenden Schwestern selbst verpflegen.

KONTAKT

Barmherzige Schwestern vom hl. Vinzenz von Paul

89617 Untermarchtal
Tel.: 07393/30-250
Fax: 07393/30-564
bildungshaus@untermarchtal.de
www.untermarchtal.de
www.jugendtag.de

Alle Gäste können an den Gebetszeiten und den Eucharistiefeiern der Ordensfrauen teilnehmen.
Mitarbeit im Kloster ist nach Absprache möglich.

Überhaupt ist ein Schwerpunkt die Arbeit mit Jugendlichen. Jeden 3. Freitag im Monat findet eine Jugendvesper statt, mit Musik, Gedanken, Ideen für junge Menschen. Etwas Besonderes haben die Schwestern jeweils für die Woche nach Pfingsten organisiert. Dann finden die jährliche Sternwallfahrt und der anschließende Jugendtag statt, zu dem jedes Mal zwischen 3.000 bis 4.000 junge Menschen kommen. Seit einigen Jahren gibt es jeweils am letzten Samstag vor den Sommerferien ein Fest der Begegnung für Familien und Alleinerziehende.

Vallendar-Schönstatt Pallottiner und Schönstatt-Bewegung

WO LIEGT DAS KLOSTER

Schönstatt ist ein Ortsteil von Vallendar bei Koblenz. Hier sind Niederlassungen der Pallottiner (Gesellschaft des Katholischen Apostolates) sowie der Gründungsort und die Weltzentrale der Schönstatt-Bewegung. Von pallottinischer Seite finden sich hier unter einem Dach die Philosophisch-Theologische Hochschule sowie das Bildungshaus Forum Vinzenz Pallotti. Die Schönstatt-Bewegung hat inzwischen rund

Auf dem Berg Schönstatt haben die Marienschwestern ihren Mittelpunkt mit Mutterhaus und Missionszentrale. Dort ist auch die Bildungsstätte Marienland für die Frauengemeinschaften der Bewegung.

ANREISE

Mit der Bahn:
Koblenz Hauptbahnhof. Mit den Bussen 8/8a bis Bahnhof Vallendar, von dort weiter mit dem Taxi oder mit Bus 7 bis Schönstatt.

Mit dem Auto:
Auf der A 3 Köln/Frankfurt bis Dernbacher Dreieck, dann auf die A 48 Richtung Trier. Abfahrt Bendorf/Vallendar nehmen. Den Hinweisschildern nach Schönstatt folgen.

170 Niederlassungen auf allen Kontinenten. In der kleinen, im Tal gelegenen Marienkapelle befindet sich der Ursprungsort der Bewegung, Anziehungspunkt für viele Hunderttausende Pilger jährlich. Ringsum hat sich seit den 1920er Jahren eine Ansiedlung mit Kirchen, Kapellen, Bildungs- und Exerzitienhäusern sowie Verwaltungsgebäuden gebildet. Das Areal erstreckt sich weitläufig die Hänge hinauf, die Namen wie Berg Schönstatt, Berg Sion und Marienberg tragen.

Die Schönstatt-Mädchenjugend nutzt seit 1958 das im Tal liegende Haus Sonnenau als Jugendheim. Auf dem Areal befinden sich weitere Gebäude für verschiedene Gliederungen der Bewegung (u. a. Schönstatt-Frauenbund, Schönstatt-Patres) sowie für Pilger.
Direkt hier gibt es bei Spaziergängen schon genügend zu entdecken. Wer etwas weiter in den Westerwald hineinfährt, findet eine Vielzahl von Wanderwegen vor. Und bei einem Ausflug an den Rhein kann man Koblenz mit dem Deutschen Eck sowie die Schlösser und Burgen entlang des Mittelrheintals erkunden.

EIN BLICK IN DIE GESCHICHTE

In Schönstatt wurde bereits 1143 ein
Augustinerinnenkloster mit einer Basilika
errichtet, von der heute noch
ein Turm steht. Zum Kloster
gehörte eine Friedhofskapelle,
die mehrmals zerstört und wieder
aufgebaut wurde. 1901 erwarben die Pallottiner das Gelände
und verlegten einen Teil ihrer
Missionsschule vom benachbarten Koblenz-Ehrenbreitstein
dorthin. 1911 wurde ein neues
Studienheim gebaut.
Mit der Ernennung von Pater
Josef Kentenich (1885–1968)
zum Spiritual setzte eine neue
Entwicklung ein: Es entstanden –
zunächst unter Pallottiner-
Studenten und dann darüber
hinaus – ein Missionsverein,
eine Marianische Kongregation
und schließlich Schönstatt als
Gnadenort und Apostolische Bewegung. Als
Gründungsdatum der Schönstatt-Bewegung
gilt der 18. Oktober 1914.
Das Studienheim wurde ab 1945 zur
Philosophisch-Theologischen Hochschule
der Pallottiner, die seit 1979 staatlich
anerkannt und seit 1993 Theologische
Fakultät ist. Im gleichen Gebäude ist das
Bildungshaus Forum Vinzenz Pallotti untergebracht. Pallottiner arbeiten außerdem in
der Jugendarbeit (Haus Wasserburg) sowie in
der Vallendarer Pfarrgemeinde.

DAS SPEZIELLE ANGEBOT

Das Programm des Forum Vinzenz Pallotti
der Pallottiner hat ein breitgefächertes Angebot mit einem Schwerpunkt auf
Besinnungstagen und -wochenenden. Diese
orientieren sich zum einen an Ereignissen
des Kirchenjahrs
wie Fastenzeit,
Ostern,
Pfingsten,
Advent,
Weihnachten,

setzen sich aber auch mit biblischen Impulsen, beispielsweise aus den Evangelien,
auseinander.
In anderen Seminaren dieses Themen-
bereichs werden Fragen der christlichen
Lebensgestaltung erörtert oder auf
der Grundlage der Kombination von
Kontemplation und Bibel getanzt.

Ein weiterer Schwerpunkt des Programms sind Kursangebote zum Thema „Das Leben erspüren – den Glauben verwurzeln". Hier soll aufgezeigt werden, wie Glaube und Alltagsleben ineinanderspielen und sich gegenseitig befruchten können. Hier gibt es Kurse zur Auseinandersetzung mit dem eigenen Ich, Mutmach-Wochenenden für alle, die die Kirche noch nicht abgeschrieben haben, Seminare zur Lebensplanung oder auch Angebote für Trauernde.

KONTAKT PALLOTTINER

Forum Vinzenz Pallotti
Postfach 1406
56174 Vallendar
Tel.: 0261/6402-249
Fax: 0261/6402-350
forum@pthv.de
www.forum-pallotti.de

KONTAKT SCHÖNSTATT-BEWEGUNG

www.schoenstatt.de

WEITERE ANGEBOTE FÜR GÄSTE

Wer aktiv oder kreativ sein möchte, kann in einigen Tagen das Zeichnen oder Malen erlernen oder in Wanderwochen mit der Bibel im Rucksack unterwegs sein. Speziell für Senioren gibt es mehrtägige Freizeiten. In der Gemeinschaft kann man Weihnachten und Ostern verbringen, in einem Wochenseminar einen Exkurs durch 2000 Jahre Kirchengeschichte machen oder auch an Besinnungstagen über die Gestaltung des eigenen Lebens nachdenken.

WIE IST MAN UNTERGEBRACHT

Die Begegnungs- und Bildungsstätte der Pallottiner verfügt über 37 Einzel- sowie 3 Doppelzimmer mit Dusche/WC. Darüber hinaus gibt es 8 Wohneinheiten. Jede Wohneinheit besteht aus zwei Einzelzimmern mit einer gemeinsamen Nasszelle. Die Gäste erhalten drei Mahlzeiten täglich sowie Kaffee und Kuchen am Nachmittag.

ETWAS BESONDERES

Schönstatt ist ein geistliches Zentrum, wie man es sonst in dieser Art in Deutschland nicht findet. Die Ansammlung religiöser Bauten, in denen verschiedene Gemeinschaften leben, ist außergewöhnlich. Besucher sind daher immer wieder überrascht, wenn sie nach Schönstatt kommen. Über die Größe des Wallfahrtsorts und die Fülle an Angeboten, die man hier vorfindet. Wer Schönstatt besucht und das internationale Publikum gesehen hat, kann nachvollziehen, welch weltweite Ausstrahlung dieser Ort hat.

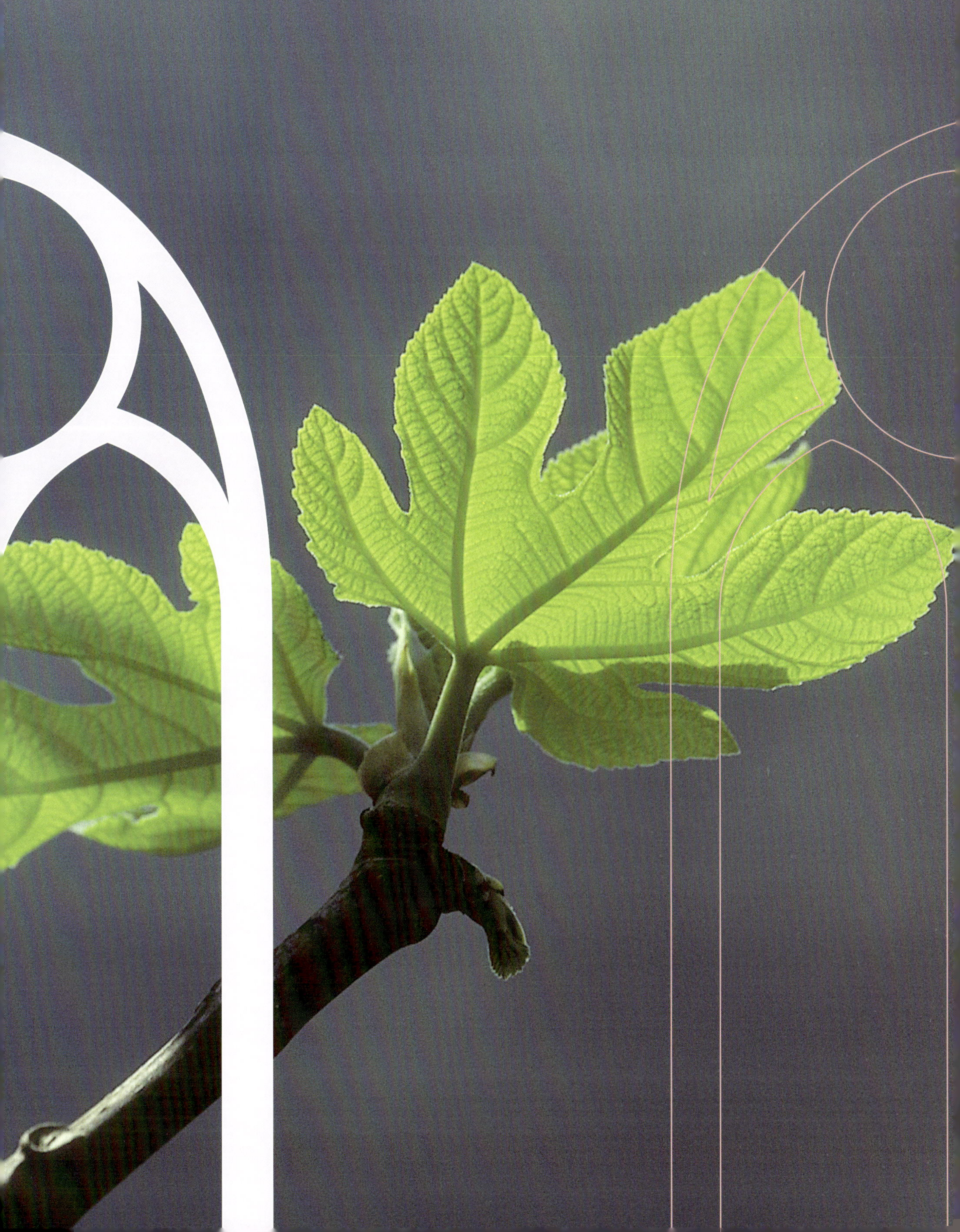

Abtei Benediktiner
Kornelimünster

ANREISE

Mit der Bahn:
Bahnhof Aachen-Rothe Erde. Von dort mit den Buslinien 55 oder 65 bis Kornelimünster, Haltestelle „Auf der Gallich". Von dort 3 Minuten zu Fuß zum Kloster.

Mit dem Auto:
Auf der A 44 Ausfahrt Aachen-Brand, dann auf der B 258 Richtung Monschau/ Kornelimünster. Am Ortseingang von Kornelimünster an der Ampel nach rechts und nach ca. 100 m wieder rechts. Nach etwa 300 m liegt linker Hand das Kloster.

WO LIEGT DAS KLOSTER

Die Abtei liegt 10 Kilometer südlich des Stadtzentrums von Aachen am Rand des Ortsteils Kornelimünster. Man hat hier also die Annehmlichkeiten einer Großstadt, ist aber gleichzeitig in ländlicher Umgebung. Die Voreifel mit ihren sanften Hügeln bietet ideale Möglichkeiten für ausgedehnte Spaziergänge. Den sehenswerten historischen Ortskern von Kornelimünster erreicht man vom Kloster aus zu Fuß in zehn Minuten

EIN BLICK IN DIE GESCHICHTE

Kornelimünster wurde 817 von Kaiser Ludwig dem Frommen und Benedikt von Aniane gegründet. Die Gründung war Zentrum der karolingischen Klosterreform, in deren Folge die Regel des hl. Benedikt für das Abendland jahrhundertelang bestimmend wurde.
Das Kloster war zunächst als „Erlöserkloster an der Inde" bezeichnet. Ab dem 12. Jahrhundert wurde es, infolge der Verehrung des Papstes Kornelius, in „Kornelimünster" umbenannt.
1802 wurde das Kloster durch Napoleon aufgelöst und erst 1906 mit Benediktinern aus Merkelbeek, einer deutschen Abtei auf holländischem Boden, wiederbesiedelt.
Da die alten Klostergebäude zwischenzeitlich in den Besitz der Pfarrgemeinde beziehungsweise des preußischen Staats übergegangen waren, siedelten sich die Mönche an ihrem heutigen Standort, der Straße nach Oberforstbach, an. Kirche und Kloster wurden in den Jahren zwischen 1951 und 1956 neu errichtet.

DAS SPEZIELLE ANGEBOT

„Meditatives Tanzen, hörendes Wahrnehmen und kreatives Tun" gehören zum Standardprogramm des Gästeangebots in Kornelimünster. Regelmäßig finden Wochenenden oder Einzeltage statt, die sich diesem Themenkreis widmen. Tänzerisch wird zum Ausdruck gebracht, was die Natur uns Menschen in den verschiedenen Jahreszeiten bietet, und es wird ein bestimmtes Augenmerk darauf gerichtet, welche Impulse das Wachsen draußen unserem eigenen Leben geben kann.
Wer selbst Musik machen möchte, kann an einem Wochenende seine Stimme schulen und erste Erfahrungen mit der Einübung von Choralgesang machen.
„Kleine Schule des Betens" nennen sich Tage unter Leitung von Pater Albert Altenähr, an denen man sich mit Psalmen und der persönlichen Gebetssehnsucht beschäftigt.

*„Das Leben
in Ordnung bringen"*

KONTAKT

Abtei Kornelimünster
Oberforstbacher Str. 71
52076 Aachen
Tel.: 02408/3055
Fax: 02408/3056
benediktiner@abtei-
kornelimuenster.de

www.abtei-kornelimuenster.de

WEITERE ANGEBOTE FÜR GÄSTE

Einmal pro Monat findet in Kornelimünster am Abend ein Bibelgespräch statt, an dem auch Gäste teilnehmen können, die nicht im Kloster wohnen.

Die Benediktiner von Kornelimünster bieten Einzelgästen auch die Möglichkeit, Einzelexerzitien im Kloster wahrzunehmen. Diese Tage sollen dazu dienen, das eigene Leben und den persönlichen Glaubensweg „in Ordnung zu bringen". Sie sind geprägt durch Schweigezeiten, Zeiten, in denen man sich mit dem eigenen Lebensweg auseinandersetzt, und Begleitgesprächen.

WIE IST MAN UNTERGEBRACHT

Die Abtei Kornelimünster hat 20 Einzelzimmer mit Dusche/WC. Zwei dieser Räume können auch als Doppelzimmer genutzt werden. Ein Zimmer ist behindertengerecht eingerichtet.

Die Gäste erhalten drei Mahlzeiten am Tag plus Kaffee am Nachmittag. Sie können am Chorgebet sowie den Eucharistiefeiern der Benediktiner teilnehmen.

Die Mönche freuen sich, wenn Gäste nach Absprache im Kloster mithelfen.

ETWAS BESONDERES

Der kleine Konvent in Kornelimünster ermöglicht es den Gästen, ihre Tage im Kloster in engem Kontakt mit den Mönchen zu verbringen, wie es in größeren Klöstern kaum möglich ist. Zwanglos ergeben sich so oft tiefere Gesprächsmöglichkeiten sowie die Chance zum kontinuierlichen Austausch. Das deutsch gesungene Chorgebet und die räumliche Nähe aller Betenden zueinander erlauben eine aktive persönliche und intensive Teilnahme der Gäste am Gebet der Mönche.

Benediktiner Abtei Neresheim

WO LIEGT DAS KLOSTER

Neresheim liegt auf dem sogenannten Härtsfeld, einem Ausläufer der Schwäbischen Alb, etwa im Dreieck zwischen Aalen, Donauwörth und Nördlingen.

Die Silhouette der imposanten Benediktinerabtei mit ihrer berühmten Barockkirche erhebt sich auf dem Ulrichsberg oberhalb des Städtchens Neresheim und ist schon von weitem sichtbar.

Auf Grund seines rauhen Klimas und karger Böden ist das Härtsfeld bis heute dünn besiedelt. So ist die Landschaft rund um die Abtei ursprünglich geblieben – still, mit weiten Ausblicken und einer seltenen Flora und Fauna.

Alemannische Gräber im Neresheimer Ortsteil Kösingen und Grabfunde belegen, dass das Härtsfeld auch in prähistorischer Zeit bedeutsam war. Aus diesem Grund lohnt sich auch ein Besuch im Heimatmuseum Neresheim.

Ein Natur-Lehrpfad in der Nähe sowie ein Wander- und Radwegenetz bieten vielfältige Möglichkeiten, und wer auf das Auto nicht verzichten möchte, kann in der Umgebung viele Ausflüge machen, darunter zu so berühmten Zielen wie Dinkelsbühl oder Nördlingen. Und gleich am Fuß der Abtei kann man mit der historischen Härtsfeldmuseumsbahn eine Tour unternehmen.

EIN BLICK IN DIE GESCHICHTE

Die Abtei Neresheim wurde 1095 durch Graf Hartmann I. von Dillingen zunächst als Augustiner-Chorherrenstift gegründet. Die Augustiner zogen aber bereits 1106 wieder ab, und im selben Jahr ließen sich dort Benediktiner nieder. Der Dreißigjährige Krieg stoppte die stetige Entwicklung des Klosters, es lebten 1647 nur noch fünf Mönche in Neresheim. Ende des 17. Jahrhunderts erwuchs das Kloster zu neuer Blüte, das heutige Bauensemble entstand zwischen 1694 und 1792.

Darunter auch die imposante Barockkirche, mit deren Bau die Mönche den berühmten Architekten Balthasar Neumann beauftragten. 1750 erfolgte die Grundsteinlegung, 1753 starb Neumann überraschend. Die Fertigstellung des Baus, die weitgehend nach seinen Plänen erfolgte, dauerte daraufhin rund vierzig Jahre. Erst 1792 erfolgte die Weihe der Kirche. Neben der Architektur sind auch die Deckengemälde von Martin Knoller aus den Jahren 1770–1775 sehenswert.

Das Kloster selbst wurde im Zuge der Säkularisation 1802 aufgehoben und ging in den Besitz des Hauses Thurn & Taxis über. Dieses ermöglichte dann 1919 die Wiederbesiedlung des Klosters durch heimatvertriebene Benediktiner aus dem Kloster Emaus in Prag und aus Beuron.

DAS SPEZIELLE ANGEBOT

Die Neresheimer Mönche bieten seit vielen Jahrzehnten den Gästen im Klosterhospiz ein vielfältiges Seminarprogramm an, aus dem einige Schwerpunkte hervorstechen. Da ist einmal der regelmäßig tagende „Benediktinische Kreis Neresheim". Es handelt sich dabei um mehrtägige Veranstaltungen für evangelische und katholische Christen, die ihren Glauben stärker in den Mittelpunkt ihres Lebens stellen möchten. Dabei steht

ANREISE

Mit der Bahn:
Bahnhöfe Aalen oder Heidenheim. Von dort jeweils weiter mit dem Bus nach Neresheim. Dann zu Fuß in etwa 15 Minuten zur Abtei.

Mit dem Auto:
Auf der A 7 aus Richtung Kempten kommend Ausfahrt Heidenheim/Nattheim/ Neresheim. Dann der Beschilderung zur Abtei folgen.

Auf der A 7 Richtung Würzburg/Kassel kommend Ausfahrt Unterkochen/Ebnat/ Neresheim. Dann den Wegweisern zur Abtei folgen.

WEITERE ANGEBOTE FÜR GÄSTE

Der „Atemtherapie" sind Wochenenden zum Atemholen und Sinnfinden für Paare und

die Veranstaltungsreihe insgesamt unter dem Motto „Gott zuerst", aber jedes Seminar ist einem Schwerpunkt gewidmet, beispielsweise „Von der Not und dem Segen des Gebets" oder „Impulse aus der Benediktusregel für Christen in Alltag und Familie".

Ein großes Kursangebot beschäftigt sich mit Meditation. Darunter sind Einführungs- und Aufbaukurse, Fastenwochen mit Meditation, Meditation und Wandern, Meditation mit Trommelklängen und auch Meditation für Eltern und Kinder. In jedem Monat gibt es entsprechende Veranstaltungen.

Einzelpersonen gewidmet. Man lernt dort richtiges Atmen und seine Stimme sinnvoll einzusetzen.

Auch Yogakurse gibt es regelmäßig, in denen man anhand einfacher Übungen lernt, den Körper zu stärken und zur Ruhe zu kommen. An Wochenenden für Trauernde haben Teilnehmer die Möglichkeit, über ihren Verlust zu sprechen, zu beten, zu meditieren und damit ein wenig Besinnung zu finden.

WIE IST MAN UNTERGEBRACHT

In der benediktinischen Tradition der Gastfreundschaft unterhält das Kloster ein Hospiz, in dem die Gäste untergebracht werden.

14 Einzel- und 14 Doppelzimmer mit Dusche/WC gibt es dort sowie 5 Einzel- und 4 Doppelzimmer mit Etagendusche und ein Familienapartment mit Dusche/WC.

Die Gäste erhalten drei Mahlzeiten täglich sowie Kaffee am Nachmittag.

Für männliche Einzelgäste gibt es die Möglichkeit, als „Gast im Kloster" im Klausurbereich zu wohnen und auch mit den Mönchen zusammen im Refektorium zu essen. Für diese Besucher stehen fünf Zimmer zur Verfügung. Ebenso fünf Zimmer gibt es für 18- bis 25jährige junge Männer, die im Rahmen eines Au-pair-Aufenthalts zwei bis drei Wochen in der Abtei leben können, aber etwa vier Stunden täglich mitarbeiten müssen. Dafür ist ihr Aufenthalt kostenlos.

Außerhalb der Klostermauern befinden sich zwei separate Gästehäuser: das Gästehaus „Zum Löwen" und das „Martin-Knoller-Haus". Die Gäste dieser Häuser können sich sowohl selbst verpflegen als auch im Hospiz essen.

Alle Gäste können an den Gebetszeiten und den Eucharistiefeiern teilnehmen, nur das erste Stundengebet um 5 Uhr morgens findet im Konvent statt und kann nur von Gästen besucht werden, die in der Klausur mitwohnen.

Gäste können nach Absprache auch im Konventgarten mitarbeiten.

ETWAS BESONDERES

In der Abteikirche finden zwischen Juni und September die beliebten Neresheimer Klosterkonzerte statt.

Seit dem Jahr 2004 gibt es den Neresheimer Knabenchor. Unter der Leitung des Priors Pater Albert Knebel erhalten 6- bis 14jährige Jungen hier eine kostenlose musikalische Allgemeinbildung und eine Stimmbildung. Der Chor gibt nicht nur regelmäßig Konzerte in der Abteikirche, sondern tritt auch an anderen Orten auf.

KONTAKT

Benediktinerabtei Neresheim
73450 Neresheim
Tel.: 07326/8520-1
Fax: 07326/8520-2
verwaltung@abtei-neresheim.de
www.abtei-neresheim.de

Im Klostergutladen, in dem es Produkte aus Klosterbäckerei und -metzgerei gibt, kann man leiblichen Genüssen frönen, in der Klosterbuchhandlung für geistige Nahrung sorgen.

Abtei Oberschönenfeld

Zisterzienserinnen

WO LIEGT DAS KLOSTER

Mitten im Naturpark „Westliche Wälder", etwa 20 Kilometer südwestlich von Augsburg, liegt die barocke Abtei Oberschönenfeld eingebettet in Wiesen. Auf der Ostseite des großen Klosterareals beginnt der Wald. Am Kloster direkt vorbei führt ein Jakobspilgerweg.

ANREISE

Mit der Bahn:
Ab Augsburg oder Ulm bis Gessertshausen. Dann weiter mit dem Taxi (außer Sonntag) oder in etwa 40minütigem Fußmarsch durch den Wald zum Kloster.

chen Ereignissen betroffen – Bauernkrieg, Reformation, Dreißigjähriger Krieg und Spanischer Erbfolgekrieg. Wiederholt mussten die Nonnen ihr Kloster verlassen, kamen jedoch immer wieder nach Oberschönenfeld zurück.
Kirche und Kloster entstanden in ihrer heutigen Bausubstanz in den Jahren zwischen 1718 und 1723.
Im Rahmen der Säkularisation wurde das Kloster 1803 aufgehoben, die Schwestern konnten dort wohnen bleiben, durften aber

Mit dem Auto:
Auf der A 8 aus Richtung München Ausfahrt Augsburg-West nehmen. Dann weiter auf der B 17 Richtung Landsberg bis zur Ausfahrt B 300, dann bis Gessertshausen, dort der Abzweigung „Abtei Oberschönenfeld" folgen.

Auf der A 8 aus Richtung Ulm Ausfahrt Adelsried, dann weiter Richtung Horgau. Auf der Strecke der Beschilderung „Kloster und Museum Oberschönenfeld" folgen.

Auf der B 300 aus Richtung Augsburg kommend Richtung Gessertshausen fahren. Dort der Abzweigung zur Abtei folgen.

Für Naturfreunde und Wanderbegeisterte ist das Kloster Oberschönenfeld ein idealer Standort. Auch Fahrradwege gibt es hier. Wer möchte, kann von Oberschönenfeld aus auch Ausflüge in die nahegelegene Fuggerstadt Augsburg oder ins Allgäu unternehmen.

EIN BLICK IN DIE GESCHICHTE

Die ersten Zeugnisse für eine Klostergemeinschaft gehen zurück auf das Jahr 1186. Damals siedelten sich fromme Frauen, sogenannte Beginen, in Oberhofen an, um ein Gott geweihtes Leben zu führen. Um 1211 zogen sie nach Schönenfeld, den Ort, an dem sich heute noch das Kloster befindet. Im Laufe der Jahrhunderte waren die Ordensfrauen von zahlreichen geschichtli-

keine Frauen mehr aufnehmen. Dies wurde ihnen erst 1836 durch Ludwig I. wieder gestattet.
Die Ordensfrauen lebten vorwiegend von der Landwirtschaft, verpachteten ihre Ökonomie aber 1972. Vom Beginn der 1950er Jahre bis 2002 betrieben die Zisterzienserinnen auch ein Altenheim.
Heute gehören zum Klosterbetrieb selbst unter anderem eine Brotbäckerei, ein Klosterladen und eine kleine Paramentenstickerei.

DAS SPEZIELLE ANGEBOT

Das Programm im Kloster Oberschönenfeld
legt einen Schwerpunkt auf kreative
Elemente. Mehrmals im Jahr finden
Seminare statt, bei denen man Wachs-
arbeiten herstellt. Neben der gestalterischen
Arbeit gibt es im Rahmen dieser Kurse auch
Meditationsrunden, Gesprächskreise und
Ausflüge in die Natur rund um die Abtei.
Je nach Jahreszeit stehen die Bastelarbeiten
unter einem bestimmten Motto wie Ostern
und Weihnachten.
Auch bei den Ikebana-Kursen der Abtei sind
kreative Phasen und Kontemplation mitein-
ander verbunden. Dabei geht es darum, zur
Ruhe zu kommen, die Natur auf sich wirken
zu lassen und das, was man sieht und emp-
findet, kreativ umzusetzen.
Gleiches gilt auch für die Ikonen-Malkurse,
die sich sowohl an Anfänger als auch an
Fortgeschrittene richten. Anhand von Dias
werden antike Ikonen vorgestellt und deren
Ikonographie erklärt. Anschließend stellen
die Teilnehmer ihre eigene Ikone her.
Neben den Seminaren mit gestalterischem
Schwerpunkt gibt es auch ganzheitliche
Angebote wie „Die Elemente – Körper,
Geist und Seele". An einem Wochenende
in Oberschönenfeld erspürt man die Natur,
erfährt die Leichtigkeit bei Yoga und
Meditation und lebt seine Kreativität in
malerischen Experimenten aus.
Neu im Programm ist ein Seminar zum
Thema „Märchenarbeit und Familienstellen".
Hier bringen die Teilnehmer ihre per-
sönlichen Lebensthemen und -barrieren
zur Sprache. Wie im Märchen wird dann
in der Gruppe Schritt für Schritt eine
Lösungsmöglichkeit erarbeitet.

WEITERE ANGEBOTE FÜR GÄSTE

Acht- bis zehnmal im Jahr findet im
Meditationsraum der Abtei das „Gebet
der Stille" statt. Bei einem einstündigen
Zusammensein erhält man zu Beginn einen
geistigen Impuls und meditiert anschließend
gemeinsam mit der Äbtissin M. Gertrud
Pesch.
Regelmäßig gibt es auch Oasentage. Die
Schwestern aus Oberschönenfeld begleiten
die Gäste durch den ganzen Tag, meditieren
mit ihnen, referieren zu geistigen Themen
und laden ein zum Gedankenaustausch.

WIE IST MAN UNTERGEBRACHT

Den Gästen in Oberschönenfeld stehen
13 Einzel- sowie 14 Doppelzimmer mit
Etagenduschen im Gästebereich zur
Verfügung.
Manche Zimmer haben einen Ausblick
in die weite Landschaft des Naturparks
„Westliche Wälder".
Täglich werden drei Mahlzeiten sowie
Kaffee am Nachmittag angeboten.
Die Gäste können an den Gebetszeiten und
den Eucharistiefeiern der Ordensfrauen teilnehmen.
Auf Anfrage ist auch Mitarbeit im Kloster
möglich.
Die Zisterzienserinnen von Oberschönenfeld
bieten jungen Frauen „Ora-et-labora-Tage"
an. Während dieser mindestens zweitägigen
Klosteraufenthalte helfen die Besucherinnen
täglich vier Stunden bei der Klosterarbeit mit
und zahlen deshalb einen geringeren Betrag
für Kost und Logis.

Kreativseminare und
„Ora-et-labora-Tage"

KONTAKT

Abtei Oberschönenfeld
86459 Gessertshausen
Tel.: 08238/9625-27
Fax: 08238/60065
abtei@abtei-oberschoenenfeld.de
www.abtei-oberschoenenfeld.de

ETWAS BESONDERES

Im Kloster gibt es regelmäßig Konzerte mit klassischer und vorwiegend zeitgenössischer Musik, letztere werden vom Ensemble „Entzücklika" gestaltet.
Schwester Emmanuela Köhler, die Kunsttherapie studiert hat, bietet im Kloster

Etwas ganz Besonderes ist auch die „Beinwell-Creme" mit rund 30 verschiedenen Kräutern aus dem Klostergarten, die nicht nur für die Beine, sondern zum Beispiel auch bei Erkältung gut sein soll.

psychotherapeutische Gespräche sowie kunsttherapeutische Stunden an, auch für Interessenten, die nicht im Kloster wohnen. Der Klosterladen bietet neben Büchern, CDs und Devotionalien auch Köstlichkeiten aus der eigenen Produktion von Oberschönenfeld an: „Energietaler" und Spritzgebäck nach Hildegard von Bingen sowie den Kräuterlikör mit dem reizvollen Namen „Vom schönen Feld".

Und im Klosterbrotladen verkauft Schwester Hildegard unter anderem das bekannte Oberschönenfelder Holzofenbrot.
In ehemaligen landwirtschaftlichen Gebäuden der Abtei ist das Schwäbische Volkskundemuseum untergebracht. Träger ist der Bezirk Schwaben. Nach einem Besuch kann man im „Klosterstüble" einkehren.

Franziskanerinnen

Kloster Oberzell

WO LIEGT DAS KLOSTER

Sechs Kilometer von Würzburg entfernt, am linken Mainufer, liegt das Kloster Oberzell am Rande der Gemeinde Zell.

In der Stille des Klostergartens kann man abschalten. Die Weinberge in der Umgebung, der nahegelegene Main, ein Wald und ein Trinkwasserschutzgebiet laden zu Spaziergängen ein.

Und wer Kultur schnuppern möchte, findet in der Residenzstadt Würzburg zahlreiche Möglichkeiten. Darunter die fürstbischöfliche Residenz, geschaffen von den berühmten Barockbaumeistern Balthasar Neumann und Johann Dientzenhofer.

Nicht weit vom Kloster Oberzell entfernt liegt auch Schloss Veitshöchheim, die ehemalige Sommerresidenz der Würzburger Fürstbischöfe. Im Park kann man wunderbar flanieren.

EIN BLICK IN DIE GESCHICHTE

Kloster Oberzell wurde bereits 1128 durch Norbert von Xanten als Prämonstratenserkloster gegründet. Es war eines der ersten in Deutschland.

Die Grundstruktur der ehemals romanischen Basilika stammt noch aus dieser Zeit. Sie wurde Ende des 17. Jahrhunderts barockisiert.

Seine Blütezeit erreichte das damalige Männerkloster in der zweiten Hälfte des 18. Jahrhunderts. In dieser Phase – zwischen 1744 und 1760 – entstanden auch die barocken Konventgebäude.

Im Rahmen der Säkularisation wurde das Kloster 1802 aufgehoben. 1817 gingen die Klostergebäude in Privatbesitz über. Die Erfinder der Schnellpresse, Friedrich Koenig und Andreas Bauer, errichteten hier ihre Druckmaschinenfabrik.

ANREISE

Mit der Bahn:
Würzburg Hauptbahnhof, dann mit den Bussen 22 Richtung Margetshöchheim oder 52 Richtung Leinach bis zur Haltestelle Zell/Wasserwerk.

Mit dem Auto:
Auf der A 3 aus Richtung Frankfurt/Main Ausfahrt Helmstadt nehmen. Dann auf der B 8 Richtung Würzburg bis Waldbüttelbrunn. Weiter Richtung Zell, dann die Hettstatter Steige hinunter, an deren Fuß das Kloster liegt.

Auf der A 7 aus Richtung Kassel/Ulm Ausfahrt Würzburg-Estenfeld nehmen. Weiter auf der B 19 Richtung Würzburg, am Greinbergknoten weiter auf der B 27 Richtung Fulda, Ausfahrt Zell, nach Überquerung des Mains links bis zum Kloster Oberzell.

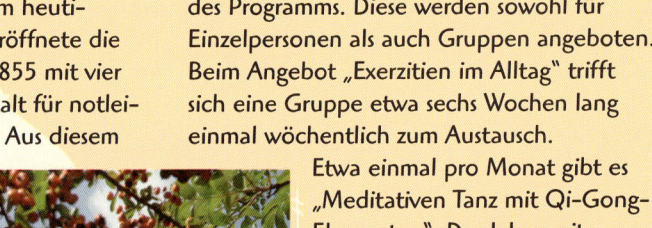

Im auf dem Klostergelände gelegenen sogenannten Schlösschen, dem heutigen Konvent San Damiano, eröffnete die Würzburgerin Antonia Werr 1855 mit vier Schwestern eine Rettungsanstalt für notleidende Frauen und Mädchen. Aus diesem Anfang entstand die Kongregation der „Dienerinnen der heiligen Kindheit Jesu". Die Gemeinschaft

schloss sich 1863 dem Regulierten Orden des heiligen Franziskus an.

Nach dem Auszug der Schnellpressenfabrik 1901 erwarben die Franziskanerinnen das ehemalige Prämonstratenserkloster, stellten Kirche und Konventgebäude wieder her und zogen dort ein.

DAS SPEZIELLE ANGEBOT

Mit ihren pastoralen Angeboten im Kloster Oberzell und dem Bildungshaus St. Klara möchten die Oberzeller Franziskanerinnen nach eigenen Aussagen einen Raum des Vertrauens schaffen, der zu einer lebensbejahenden Einstellung motiviert.

Exerzitien stehen daher im Mittelpunkt des Programms. Diese werden sowohl für Einzelpersonen als auch Gruppen angeboten. Beim Angebot „Exerzitien im Alltag" trifft sich eine Gruppe etwa sechs Wochen lang einmal wöchentlich zum Austausch.

Etwa einmal pro Monat gibt es „Meditativen Tanz mit Qi-Gong-Elementen". Der Jahreszeit entsprechend wird ein Thema gewählt, das man tänzerisch umsetzt. Kombiniert werden diese Tanzbewegungen mit Qi-Gong-Übungen, Bibeltexten, Meditationen mit Bildern und Klangschalen. So sollen sich neue Lebensenergien erschließen.

Für Radler bieten die Ordensfrauen etwas Besonderes: Vom Kloster Oberzell geht es für ein Wochenende auf dem Drahtesel los. Täglich werden rund 60 Kilometer zurückgelegt. Übernachtet wird mit Isomatte und Schlafsack.

Das „Franziskanische Orientierungsjahr" ermöglicht jungen Leuten bis 35 Jahren, ihr Leben aus der franziskanischen Spiritualität heraus zu gestalten. Für die gleiche Zielgruppe gibt es im Sommer eine Klosternacht mit Workshops, offenem Feuer und Mitternachtsgottesdienst.

WEITERE ANGEBOTE FÜR GÄSTE

Einmal pro Monat trifft sich ein Bibelkreis. Texte der Bibel werden in der Runde besprochen und ihre Bedeutung für unser heutiges Leben analysiert.

Am ersten Freitagabend jeden Monats sind Frauen zur „Frauenliturgie" eingeladen. Gemeinsam mit den Schwestern können sie beten und Glauben erfahren.

Frauen und Männer, die sich den Oberzeller Franziskanerinnen verbunden fühlen und aus der franziskanischen Spiritualität ihr Leben gestalten wollen, treffen sich im Antonia-Werr-Kreis.

„Franz meets Klara" nennt sich ein Gottesdienst, der einmal im Monat speziell für junge Leute angeboten wird. Leben lernen kann man nur von denen, die wissen, wie Leben geht. Franz und Klara von Assisi sind solche Menschen. Wie sie mit dem Leben umgegangen sind, zieht sich wie ein roter Faden durch die abendlichen Eucharistiefeiern in der Krypta des Klosters Oberzell. Im Anschluss gibt es ein gemütliches Beisammensein im Klosterkeller.

WIE IST MAN UNTERGEBRACHT

Das Exerzitien- und Bildungshaus St. Klara verfügt über 32 Einzelzimmer. 27 davon haben Dusche und WC. Zehn dieser Räume können auch als Doppelzimmer genutzt werden. Das Haus ist von einem Park und Gärten umgeben.

Die Gäste erhalten drei Mahlzeiten plus Kaffee am Nachmittag.

Gäste können an den Gebetszeiten der Schwestern und den Eucharistiefeiern teilnehmen.

Für Tage im Kloster nehmen die Franziskanerinnen Einzelgäste, bevorzugt Frauen, auf. Für diese ist

nach Absprache Mitarbeit im Kloster möglich. Diese Gäste werden im Konventbau des Klosters untergebracht und verpflegt.

ETWAS BESONDERES

Der Kräutergarten im Kloster Oberzell ist mit seinen 100 Quadratmetern Fläche einer der größten in Deutschland. Hier führt Schwester Leandra Regie, die durch Interviews und Fernsehaufnahmen schon eine gewisse Berühmtheit erlangt hat. Sie verfügt über einen großen Wissensfundus hinsichtlich der Einsatzmöglichkeiten und Wirkung von Heilpflanzen und Kräutern. Immer wieder finden im Kloster auch Vorträge zu diesem Themenbereich statt.

KONTAKT

Kloster Oberzell
97299 Zell am Main
Tel.: 0931/4601-0
Fax: 0931/4601-100
kloster@oberzell.de
www.oberzell.de

Institut St. Dominikus in Speyer

Dominikanerinnen

WO LIEGT DAS KLOSTER

Das Kloster der Speyerer Dominikanerinnen befindet sich am Stadtrand. Abgeschirmt durch die Klostermauern kann man in den Gebäuden mit dem idyllischen Garten stille Tage genießen und vom Kloster aus Spaziergänge unternehmen, aber auch die Sehenswürdigkeiten der Domstadt Speyer besichtigen. Neben dem berühmten Kirchenbau selbst sind hier noch das Judenbad aus dem 12. Jahrhundert und Rathaus sowie Dreifaltigkeitskirche aus dem 18. Jahrhundert erwähnenswert. Wer sich für die Geschichte des Weinbaus interessiert, sollte das Historische Museum der Pfalz mit dem Weinbaumuseum besuchen.

ANREISE

Mit der Bahn:
Hauptbahnhof Speyer, von dort mit dem Taxi oder ca. 25 Minuten zu Fuß zum Kloster. Auf der Bahnhofstraße rechts Richtung Stadt gehen, dann in die erste Straße rechts (Obere Langgasse), am Ende der Straße über die linke Ampel. Dann rechts weitergehen, die Otto-Mayer-Straße überqueren und in die erste Hofeinfahrt rechts (Vincentiusstr. 4).

Mit dem Auto:
Auf der B 9 die Abfahrt Speyer-Dudenhofen nehmen, dann Abfahrt Verwaltungshochschule. An der ersten Ampel rechts (Freiherr-vom-Stein-Str.), am Ende der Straße links (Otto-Mayer-Str.), an deren Ende rechts in die Vincentiusstraße. In die erste Hofeinfahrt rechts.

EIN BLICK IN DIE GESCHICHTE

Das Institut St. Dominikus wurde 1852 durch den Speyerer Bischof Nikolaus von Weis gegründet zur Bildung und Erziehung von Mädchen vor allem aus der ländlichen Region.
1893 wurde das Institut in den Dominikanerorden eingegliedert. Außer in den Volksschulen unterrichteten die Schwestern auch in Handarbeitsschulen und waren in Kindergärten tätig.
Ab 1909 übernahmen die Schwestern zusätzlich ambulante Krankenpflege in der ganzen Pfalz. Später kamen weitere Tätigkeitsbereiche dazu.

DAS SPEZIELLE ANGEBOT

Innerhalb der Schwesternschaft gibt es die kleine Gemeinschaft „Osma". Neben ihren unterschiedlichen beruflichen Tätigkeiten widmen sich diese Ordensfrauen speziell der Betreuung von Gästen, denen sie auch geistliche Gespräche anbieten. Mitarbeit in der Gemeinschaft ist erwünscht.

WEITERE ANGEBOTE FÜR GÄSTE

Regelmäßig finden im Exerzitienhaus der Speyerer Dominikanerinnen Kontemplationsabende, Kontemplationstage und Kurse statt, in denen man sich durch Schweigeübungen auf sich selbst einlässt, und seinem eigenen Wesen auf die Spur zu kommen versucht. Ein weiterer Schwerpunkt des Programms ist der Tanz, speziell „Bibel getanzt", oder auch Tanzexerzitien. Wer sich dafür entscheidet, wählt eine Exerzitienform, die Elemente aus klassischen Einzelexerzitien mit dem meditativen Tanzen verbindet.

„Veritas – Wahrheit"
(Motto des Dominikanerordens)

KONTAKT

Institut St. Dominikus
Vincentiusstr. 4
67346 Speyer
Tel.: 06232/912-217
Fax: 06232/912-255
sr-mechthild@institut-st-dominikus.de
www.institut-st-dominikus.de

WIE IST MAN UNTERGEBRACHT

Das Institut St. Dominikus hat vier Einzelzimmer mit Etagendusche im Bereich der Klausur.

ETWAS BESONDERES

Schwester Gertrud, examinierte Lehrerin, hat unter anderem eine Ausbildung als Sprecherzieherin absolviert.

Sie sind einfach ausgestattet. Man lebt als Gast mit den Schwestern zusammen und kann an ihren Gebetszeiten sowie der Eucharistiefeier teilnehmen.
Täglich gibt es drei Mahlzeiten, Kaffee kann man sich selbst in der Teeküche zubereiten.

Sie führt Kommunikationstrainings und Rhetorikschulungen für Gruppen durch und kommt dafür aus Saarbrücken auch nach Speyer.

Benediktinerinnen

Abtei St. Gertrud Alexanderdorf

ANREISE

Mit dem Zug:
Ab den Berliner Bahnhöfen Lichterfelde Ost, Südkreuz, Potsdamer Platz, Berlin Hauptbahnhof und Gesundbrunnen stündlicher Regionalexpreß 5 nach Elsterwerda/Hoyerswerda. Ausstieg am Bahnhof Zossen. Die restlichen 12 km mit dem Taxi zum Kloster.

EIN BLICK IN DIE GESCHICHTE

1919 schlossen sich in Berlin Krankenschwestern mit dem Anliegen zusammen, Eucharistie und Stundengebet gemeinsam zu feiern.
1924 wurde diese Gemeinschaft als Hildegard-Schwesternschaft anerkannt. In den folgenden Jahren richteten die Schwestern ihr Gemeinschaftsleben mehr und mehr nach der Regel des hl. Benedikt aus. 1934 gaben sie die von ihnen geführten Krankenhäuser in Berlin auf und gründeten das Kloster St. Gertrud in Alexanderdorf. In den folgenden Jahren wurde das Kloster ausgebaut. 1949 legten die ersten 22 Schwestern die Ewige Profess in Alexanderdorf ab.
1984 wurde das Kloster zur Abtei erhoben und die erste Äbtissin gewählt. Im selben Jahr war die Einweihung der Klosterkirche. In den Jahren 1998 bis 2000 erfolgten umfangreiche Sanierungsarbeiten in den Gästehäusern.
Neben der Gästebetreuung produzieren die Benediktinerinnen in einer hauseigenen Bäckerei Hostien und fertigen in einer eigenen Werkstatt liturgische Gewänder an.

WO LIEGT DAS KLOSTER

Das Kloster Alexanderdorf liegt südlich von Berlin in der Mark Brandenburg. In der Umgebung sind ausgedehnte Wälder, weite Felder und Seen, die zum Teil zum Baden einladen. Die flache Landschaft ist ein ideales Gebiet für Wander- und Radtouren.
In den Sommermonaten kann man seine Zeit auch gut im Kirchengarten und auf der Gästewiese mit kleinem Teich verbringen. Hinter dem Gästehaus gibt es auch einen Spielplatz und eine Tischtennisplatte.
In die Berliner City gibt es eine stündliche Bahnanbindung vom etwa acht Kilometer entfernten Bahnhof Trebbin. Mit dem Auto benötigt man ins Zentrum der Hauptstadt rund eine Stunde.

Oder von den oben angegebenen Bahnhöfen mit Regionalexpress 4 nach Wittenberg (Lutherstadt) bis zum Bahnhof Trebbin. Von dort sind es 8 km mit dem Taxi bis zum Kloster.

Mit dem Auto:
Ab Berlin die A 10 Berliner Ring. Abfahrt Rangsdorf nehmen, auf der B 96 bis Mellensee, dann Richtung Trebbin bis Kummersdorf-Alexanderdorf.

DAS SPEZIELLE ANGEBOT

Mehrmals im Jahr bieten die Benediktinerinnen von Alexanderdorf Kurse zum Thema „Meditation und Malen" an. Mit Meditation und dem Malen von Bildern, die einen im Inneren bewegen, sollen

neue Lebensquellen erschlossen und die Berührung mit Gott ermöglicht werden. Unter der Leitung einer Tanzlehrerin und der geistlichen Begleitung einer Ordensfrau finden regelmäßig Kurse zur „Meditation des Tanzes" statt. Hier lernt man Tänze zu klassischer Musik, beispielsweise aus dem Barock, ebenso wie folkloristische aus anderen Kulturkreisen. Unter der Leitung einer Benediktinerin finden regelmäßig 10tägige Veranstaltungen statt zum Thema „Ikonenmalerei als geistliches Tun".

WEITERE ANGEBOTE FÜR GÄSTE

Eine der Schwestern bietet mehrmals im Jahr eintägige Veranstaltungen an zum Thema „Ein Tag mit der Bibel". Sie stehen unter einem Jahresmotto – beispielsweise „Aufbrüche und Fragen in den Gemeinden des Paulus". Man kann sowohl an Einzeltagen teilnehmen als auch die gesamte Veranstaltungsreihe besuchen. Immer wieder gibt es auch Besinnungstage mit geistlichen Impulsen, Teilnahme an den Gebetszeiten der Ordensfrauen und der Möglichkeit zu persönlichen Gesprächen. Zielgruppen für diese Tage sind teilweise nur Frauen, teilweise aber auch beide Geschlechter.

Sehr viel Wert legen die Ordensfrauen auf die geistliche Begleitung ihrer Gäste und auf die Exerzitienbegleitung. Eine der Benediktinerinnen hat in diesem Bereich eine mehrjährige, umfassende Ausbildung absolviert.

WIE IST MAN UNTERGEBRACHT

Kloster Alexanderdorf hat zwei Gästehäuser. Im Haus St. Hildegard sind Gäste untergebracht, die Ferientage im Kloster verbringen möchten. Bei der Einrichtung wurden auch die Bedürfnisse von Familien mit Kindern berücksichtigt. Dieses Haus hat 6 Mehrbettzimmer mit Dusche/WC und 4 ohne. Es gibt im Haus neben Meditations-, Aufenthalts-, Leseraum und Gästebibliothek auch ein Kinderspielzimmer.

ETWAS BESONDERES

In den Sommermonaten finden im Kloster Alexanderdorf „Sommermusiken" in der Klosterkirche statt. Das Angebot ist breitgefächert. Es gibt sowohl geistliche Konzerte als auch Orgelmusik oder Gambenmusik des 17. und 18. Jahrhunderts.

KONTAKT

Abtei St. Gertrud Alexanderdorf
Klosterstr. 1
15838 Am Mellensee
Tel.: 033703/916-0
Fax: 033703/916-14
abtei@kloster-alexanderdorf.de
www.kloster-alexanderdorf.de

Das Haus St. Josef ist konzipiert für Einzelgäste, die die Stille suchen. Hier werden auch meist die Kursteilnehmer untergebracht. 12 Einzelzimmer mit Dusche/WC bietet dieses Haus. Daneben einen Meditationsraum und einen Raum für gestalterische Arbeiten sowie eine kleine Gästebibliothek.
Die Gäste erhalten drei Mahlzeiten pro Tag sowie Kaffee am Nachmittag.
Sie sind eingeladen zu den Gebetszeiten und den Eucharistiefeiern der Benediktinerinnen. Nach Vereinbarung ist für Gäste die Mitarbeit im Garten und im hauswirtschaftlichen Bereich des Klosters möglich.

IV. Christliche Spiritualität

Kloster Birkenwerder

Teresianische Karmeliten

WO LIEGT DAS KLOSTER

Das Kloster Birkenwerder liegt mit seinem Gästehaus am nördlichen Stadtrand
von Berlin. Unweit der hektischen
Bundeshauptstadt findet man hier eine
Oase der Ruhe. Das Kloster verfügt selbst
über einen weitläufigen Garten, das
Klostergelände grenzt aber auch direkt
an ein großes Waldgebiet der Märkischen
Heide, das zu Spaziergängen und
Radausflügen einlädt. Ebenfalls in der Nähe
liegt das Naturschutzgebiet Briesetal.
Wer ein wenig Großstadtluft schnuppern
möchte, hat es –neben Berlin – auch
nicht weit nach Potsdam. Außerdem sind
Rheinsberg und das Kloster Chorin in der
Nähe.

EIN BLICK IN DIE GESCHICHTE

Maria Teresa Tauscher, Tochter einer evangelischen Pastorenfamilie, die zum katholischen Glauben konvertiert war, gründete 1891 die Ordensgemeinschaft der „Karmelitinnen vom göttlichen Herzen Jesu". In einem Berliner Mietshaus betreuten die Schwestern Waisenkinder und suchten nach einem Platz in der Nähe der Hauptstadt, an dem die Kinder „Erholung an Leib und Seele" finden konnten.

1920 wurden die Ordensfrauen fündig. Sie kauften in Birkenwerder ein ehemaliges Ausflugsrestaurant, das sie zum Kinderheim umbauten. Aus dem Restaurant entstand ein Kinderheim.

Die Schwestern blieben in Birkenwerder bis 1990. Der Konvent überstand die Einquartierung von Soldaten im Zweiten Weltkrieg und das Regime der DDR.

Aber zu Beginn der 1980er Jahre fehlte der Nachwuchs, um die Tagungs- und Erholungsstätte aufrechtzuerhalten.

1986 zog der erst vier Jahre vorher in Görlitz gegründete Männerkonvent des Ordens der „Teresianischen Karmeliten" nach Birkenwerder. Die letzten Ordensfrauen verließen Birkenwerder 1990.

Die Brüder begannen mit dem Umbau des Heims zum Gästehaus, das kurz nach dem Fall der Mauer eröffnet wurde.

DAS SPEZIELLE ANGEBOT

In Birkenwerder werden schwerpunktmäßig Exerzitien und Seminare zu Fragen der christlichen Spiritualität angeboten.

Die Exerzitien widmen sich einem breiten Themenspektrum. Da gibt es solche, die sich mit Ereignissen des Kirchenjahres beschäftigen – wie beispielsweise Ostern oder Pfingsten –, es gibt Fastenexerzitien und Exerzitien, die sich mit Glaubensfragen auseinandersetzen. Darunter „Wege der Gotteserfahrung" oder „Hinführung zum inneren Beten".

Dabei sollte man wissen, dass karmelitanische Exerzitien in streng eingehaltenem Schweigen verlaufen. Der Exerzitienleiter gibt in zwei täglichen Vorträgen Impulse zum Nachdenken, Meditieren, Beten und steht in der Regel nur einmal während der Exerzitien zu einem kurzen Gespräch zur Verfügung. Die Teilnehmer werden so darauf hingeführt, bewusst das Gespräch mit Gott zu suchen.

ANREISE

Mit der Bahn:

Von allen Berliner Bahnhöfen und Flughäfen mit der S-Bahn bis Friedrichstraße, dann mit der S 1 Richtung Oranienburg in 40 Minuten bis Birkenwerder. Von dort mit dem Taxi zum Kloster oder in 10 Minuten zu Fuß die Bergfelder Straße entlang bis zum Ortsausgangsschild.

Mit dem Auto:

Über die Autobahn Berliner Ring, Abfahrt Birkenwerder. Von dort etwa 2 km geradeaus durch den Ort. Am Rathausplatz halblinks Richtung Bergfelde, über die S-Bahn-Brücke und bis zum Ortsausgangsschild.

„Gott lebt, und ich stehe
vor seinem Angesicht"
(Leitspruch der Karmeliten)

KONTAKT

Karmelitenkloster Birkenwerder
Schützenstr. 12
16547 Birkenwerder
Tel.: 03303/5034-19
Fax: 03303/402574
kloster@karmel-birkenwerder.de
www.karmel-birkenwerder.de

WEITERE ANGEBOTE FÜR GÄSTE

Im weiteren Programm von Birkenwerder gibt es Bibel-Seminare und

WIE IST MAN UNTERGEBRACHT

Das Karmelitenkloster Birkenwerder hat
23 Einzel-, 10 Doppel-, 4 Dreibett- und
1 Vierbettzimmer – alle mit Etagendusche.

Besinnungswochenenden, in denen man sich
mit Fragen der persönlichen Lebenssituation
und Lebensplanung beschäftigt.
Und wer auch seinen Körper in Bewegung
bringen will, findet immer wieder
Meditative Tanzwochenenden.

ETWAS BESONDERES

Sicherlich ist die größte Besonderheit in
Birkenwerder, dass man sich hier ganz in
der Nähe von Berlin befindet und dennoch weitab von großstädtischem Trubel.
Man kann hier Stille genießen, aber auch
bei einem Tagesausflug in die Hauptstadt
Großstadtluft schnuppern.

Zisterzienser
Kloster Bochum-Stiepel

EIN BLICK IN DIE GESCHICHTE

Kloster Stiepel ist das „jüngste" Zisterzienserkloster in Europa. Es wurde erst 1988 von dem 20 Kilometer südlich von Wien liegenden Stift Heiligenkreuz gegründet. Vier Mönche wurden vom dortigen Abt im August 1988 ins Ruhrgebiet gesandt. Der damalige Bischof von Essen, Kardinal Franz Hengsbach, hatte schon lange versucht, eine

ANREISE

Mit der Bahn:
Bochum Hauptbahnhof, dann mit dem CE 31 Richtung Hattingen. An der Haltestelle Haarstraße aussteigen, dann sind es noch rund 50 m zum Kloster.

WO LIEGT DAS KLOSTER

Kloster Stiepel liegt auf einer kleinen Anhöhe am Stadtrand von Bochum mitten im Ruhrtal. Ringsum sind Felder, Wiesen und Weiden. Vom Kloster aus hat man an sonnigen Tagen eine weite Aussicht.
Hier gibt es zahlreiche Wanderwege entlang der Ruhr und durch einsame Regionen des Ruhrgebiets.
Wer sich lieber im Klosterareal aufhält, findet im Klostergarten geruhsame Plätzchen.
Wer ein wenig Trubel sucht, hat es nicht weit ins Stadtzentrum von Bochum oder auch nach Hattingen.

klösterliche Neugründung im Ruhrgebiet zu initiieren. Sie sollte als geistliches Zentrum ein Gegenpol zu der in dieser Region stark vertretenen Industrie und Wirtschaft sein. Die ersten Mönche zogen in das Pfarrhaus von Stiepel ein. Nach und nach entstanden dann das neue Klostergebäude, ein Pilgerzentrum, eine Pilgerhalle und ein Wallfahrtsplatz mit Freialtar sowie ein neues Gästehaus.
Im Kloster wird die „Schmerzhafte Mutter Maria von Stiepel" verehrt.

Mit dem Auto:
Von Süden auf der A 43 Abfahrt Witten-Herbede, dann Richtung Hattingen bis zur Straßenkreuzung (links Tankstelle), an der Ampel rechts, dann die Kemnader Straße etwa 2 km bis zur Königsallee. Erste Ampel links in die Haarstraße, die nächste Straße rechts wieder in die Kemnader Straße. Schließlich die erste Straße links abbiegen, und man erreicht das Kloster.

Von Westen auf der A 40 Abfahrt Bochum-Stahlhausen. Sofort rechts auf den Donezk-Ring und dann Abfahrt Bochum-Zentrum nehmen. Die Königsallee entlang Richtung Bochum-Stiepel. Nach etwa 2 km vor einer scharfen Kurve rechts in die Haarstraße, weiter wie oben.

WIE IST MAN UNTERGEBRACHT

Kloster Stiepel bietet in zwei Gästehäusern direkt beim Kloster insgesamt 10 Einzel- und 2 Doppelzimmer, jeweils mit Dusche/WC, an. Die Gäste erhalten drei Mahlzeiten am Tag sowie Kaffee am Nachmittag. Küchenchef ist Pater Ansgar.

Sowohl an den Gebetszeiten als auch an den Eucharistiefeiern können die Gäste teilnehmen.

DAS SPEZIELLE ANGEBOT

Im Rahmen des „Auditorium Kloster Stiepel" bieten die Zisterzienser ihren Gästen ein umfangreiches Vortragsprogramm. Namhafte Lehrstuhlinhaber aus ganz Deutschland referieren über Christentum und Judentum, über Islam, über Verantwortung der Kirche in Zeiten der Globalisierung, über Regression und Depression und weitere Fragen, die die Christen in der heutigen Zeit beschäftigen.

Darüber hinaus bieten die Ordensleute ihren Gästen Tage der Stille und Einkehrtage mit geistlicher Begleitung oder auch entsprechende Wochenenden an. Auch Exerzitienangebote sind im Veranstaltungsprogramm des Klosters zu finden.

ETWAS BESONDERES

An jedem 11. eines Monats findet im Kloster Stiepel die Monatswallfahrt statt, die ein besonderes Ereignis darstellt. Aus der weiten Region kommen mehrere hundert Teilnehmer. Man trifft sich um 18.30 Uhr zu einer Vesper, der sich ein Festgottesdienst und eine Marienfeier anschließen. Die etwa drei Stunden dauernde Feier wird mit einer gemütlichen Brotzeit im Pfarrheim abgeschlossen.

Am Pfingstmontag findet immer das Klosterfest statt.
Gäste, die Kloster Stiepel zu anderen Zeiten einen Besuch abstatten, werden im „Klosterhof" bewirtet.
Auch einen Klosterladen findet man in Stiepel, hier gibt es unter anderem den „Benediktustropfen", einen Kräuterlikör, und Weine aus dem Stift Heiligenkreuz.

KONTAKT

Zisterzienserkloster Stiepel
Am Varenholt 9
44797 Bochum–Stiepel
Tel.: 0234/77705-0
Fax: 0234/77705-18
Kloster.Stiepel@bistum–essen.de
www.kloster-stiepel.de

Abtei Engelthal Benediktinerinnen

WO LIEGT DAS KLOSTER

Die Abtei der hl. Maria zu Engelthal liegt
in der Wetterau zwischen Vogelsberg und
Taunus, etwa 30 Kilometer nordöstlich von
Frankfurt/Main. Altenstadt/Hessen, der
nächste Ort, ist rund drei Kilometer vom
Kloster entfernt.
Der Klosterkomplex liegt ganz beschau-
lich mitten zwischen Feldern und
Streuobstwiesen. Zum Waldrand sind es nur
wenige Meter.

ANREISE

Mit der Bahn:
Bahnhof Altenstadt-Höchst, von
dort mit dem Taxi oder in 25
Minuten über Feldwege zu Fuß
zum Kloster.
Oder Bahnhof Friedberg und dann
für die restlichen 15 km ein Taxi
nehmen.

Mit dem Auto:
Auf der A 45 Gießen-
Hanau Ausfahrt
Altenstadt nehmen.
Dann auf der B 521
nach Altenstadt. Etwa
1 km hinter dem Ort
Beschilderung zum
Kloster.

Auf der A 5 Frankfurt-
Kassel Ausfahrt
Friedberg nehmen.
Weiter über Friedberg
und Florstadt nach Altenstadt. Bei
Altenstadt auf die B 521 Richtung
Bad Vilbel abbiegen. Nach etwa
einem Kilometer geht es rechts
nach Engelthal.

Hier kann man die Stille und Weite der
Landschaft genießen.
In der Umgebung gibt es zahlreiche
Ausflugsmöglichkeiten, zum Beispiel nach
Frankfurt in die berühmten Museen, in die
mittelalterliche Stadt Büdingen oder ins
Jugendstilbad Nauheim. Auch der Limes ist
in der Nähe mit der Saalburg.
Direkt am Kloster führt die neu eröffne-
te Bonifatiusroute vorbei, ein Pilgerweg.
Engelthal ist das einzige Benediktinerkloster,
das an dieser Strecke liegt. Natürlich gibt es
auch weitere Wanderwege direkt von der
Abtei aus.

EIN BLICK IN DIE GESCHICHTE

Kloster Engelthal wurde 1268 als
Zisterzienserinnenabtei gestiftet. Bis
zum Dreißigjährigen Krieg blieben die
Ordensfrauen an diesem Ort. 1622 mussten sie nach Aschaffenburg fliehen. Der
Klosterkomplex wurde völlig zerstört.
Zwischen 1666 und 1750 wurde das Kloster
an alter Stelle im barocken Stil wieder aufgebaut und erhielt so seine im wesentlichen
noch heute erhaltene Gestalt.
Während der Säkularisation mussten die
Ordensfrauen 1803 Engelthal erneut verlassen. Die Klostergebäude wurden als Hofgut
genutzt, die Kirche als Pfarrkirche für die
Katholiken der Umgebung.
1952 erwarb das Bistum Mainz die Kirche
und 1961 den gesamten ehemaligen
Klausurbereich. Man wollte ein neues
Kloster errichten und bot deshalb den
Benediktinerinnen aus Herstelle/Weser hier
eine Neugründung an. 20 Ordensfrauen
kamen am 1. Mai 1962 von dort nach
Engelthal. 1965 wurde Engelthal zur Abtei
erhoben.

DAS SPEZIELLE ANGEBOT

Schwerpunkt im Kursprorgamm der Benediktinerinnen von Engelthal sind biblische Themen, darunter besonders die regelmäßig stattfindenden Seminare „Bibel und Märchen". Beschreibungen und Metaphern der Schöpfung in der Bibel und in Märchen werden dort unter dem Aspekt beleuchtet, was sie uns für das Leben weisen möchten. Ein weiterer Schwerpunkt sind Exerzitien und Tage der Stille. Damit antworten

die Schwestern auf das wachsende Bedürfnis nach Entschleunigung und Ruhe. Weiter gibt es Wochenenden zur Gregorianik mit Psalmensingen und Erschließung der Texte. Der Kontemplation sind mehrere Seminare gewidmet – als Einführung und Fortführung.

WEITERE ANGEBOTE FÜR GÄSTE

Regelmäßig gibt es in Engelthal auch „Ora-et-labora-Wochen": Tage gemeinsamen Betens und Arbeitens im Kloster mit Anregungen aus der Benediktsregel sowie geistliche Tage für Paare.
Im Aufbau befindlich sind momentan eigene Angebote für Führungskräfte.

ETWAS BESONDERES

Regelmäßig finden in der Abteikirche
Konzerte statt, bei sehr schönem
Wetter gelegentlich auch im Klosterhof.
Besonders bekannt ist die „Engelthaler
SommerSerenade". An zwei Tagen im Sommer
gibt es dann klassische Konzerte im Kloster.
Diese Veranstaltungen sind so gefragt, dass
die Karten rasch ausverkauft sind.
In den ehemaligen Stallungen – innerhalb
des heutigen Klausurbereichs – haben
die Ordensfrauen 1984 eine Restaurierungs-

KONTAKT

Benediktinerinnenabtei Engelthal
63674 Altenstadt/Hessen
Tel.: 06047/98790-305
Fax: 06047/68808
gaestehaus.engelthal@t-online.de
www.abtei-kloster-engelthal.de

WIE IST MAN UNTERGEBRACHT

Im wunderschönen barocken Gästehaus
der Abtei gibt es 19 Einzel- und
2 Doppelzimmer mit Dusche/WC, davon
ist eines behindertengerecht. 4 weitere
Doppelzimmer gibt es nach Bedarf.
Im ehemaligen Torhaus stehen 4 Einzel-
und 5 Doppelzimmer mit Etagendusche zur
Verfügung.

Es gibt einen eigenen Gästegarten.
Die Gäste erhalten täglich drei Mahlzeiten
sowie auf Wunsch Kaffee am Nachmittag.
Die Teilnahme an den Stundengebeten und
der Eucharistiefeier in der Klosterkirche ist
möglich.
Mitarbeit ist im Einzelfall organisierbar, kann
aber nur vor Ort vereinbart werden.

werkstatt eingerichtet. Sie ist ein Filialbetrieb
des Dom- und Diözesanmuseums Mainz.
Zwei der Schwestern sind ausgebildete
Restauratorinnen. Auch private Kunden kön-
nen ihre Objekte hier aufarbeiten lassen.
Auf Anfrage besteht die Möglichkeit, in der
Werkstatt Kurzzeitpraktika zu absolvieren.
Auch eine Buchhandlung betreiben die
Ordensfrauen seit einiger Zeit, in der auch
Kunsthandwerkliches angeboten wird.

Benediktinerinnen

Abtei Mariendonk

ANREISE

Mit der Bahn:

Bahnhof Kempen. Dann mit dem Taxi zum Kloster. Wanderfreudige können in einer Stunde zu Fuß die Abtei erreichen.

Mit dem Auto:

Auf der A 61 aus Richtung Aachen/Mönchengladbach/Köln die Abfahrt Viersen/Süchteln nehmen. Dann rechts nach Süchteln, an der zweiten Ampel links, durch Hagenbroich, danach rechts ab in die B 509 Richtung Kempen. Anschließend an der 1. Ampel in Mülhausen links ab (nicht Richtung Kempen), nun an der 2. Ampel geradeaus. Hinter der Kirche auf der Vorfahrtsstraße geradeaus (nicht nach Kempen). Dann durch die Allee immer geradeaus und nach ca. 200 m rechts nach Mariendonk ab- biegen.

Auf der A 40 aus Richtung Moers/ Duisburg/Essen Abfahrt Wankum/ Grefrath. Nach der Ausfahrt rechts Richtung Grefrath, nach etwa 2 km links Richtung Kempen. Hinter der Niersbrücke links ab zur Abtei.

WO LIEGT DAS KLOSTER

Die Benediktinerinnen-Abtei Mariendonk liegt weit außerhalb von Kempen mitten in der weitläufigen niederrheinischen Landschaft. Schon aus der Ferne sieht man den spitzen Turm der neugotischen Kirche. Im Stil der Region wurden Haupthaus und Kirche 1899–1900 aus Backsteinen erbaut. Angeblich benötigte man hierfür eine Million Ziegel, wie vor einer Weile gefundene Bauunterlagen belegen. 1960 kamen zum ursprünglichen Bau ein neuer Trakt für Gäste und die klösterlichen Werkstätten hinzu.

Die Landschaft zwischen Rhein und niederländischer Grenze ist geprägt von Flüssen, Auen und Pappelreihen. Die Lage des Klosters nahe der Neersdommer Mühle inmitten eigener Obst- und Gemüsegärten, an die sich ein Waldstück und Felder anschließen, lädt geradezu zum Wandern und Radfahren ein. Hier ist man nicht gottverlassen, aber einsam. Es gibt bis heute keine direkte Bahn- oder Busanbindung, das fünf Kilometer entfernte Kempen hat die nächstgelegene Bahn- und Busstation.

Den Namen Mariendonk erhielt das Kloster 1948, als es zur Abtei erhoben wurde – „Donk" bedeutet bebaubare Erhebung im Sumpfland.

EIN BLICK IN DIE GESCHICHTE

1899 erfolgte der erste Spatenstich zum Klosterbau durch die Stifter, die Geschwister Johanna und Xaver Stieger, die Besitzer der Neersdommer Mühle.

Die ersten 23 Ordensfrauen zogen 1900 vom niederländischen Driebergen bei Utrecht nach Mariendonk, das damals noch „Kloster St. Maria der Benediktinerinnen von der ewigen Anbetung" hieß.

Von Anfang an betrieben die Nonnen Landwirtschaft, bauten aber nach und nach ihre Aktivitäten aus: Hostienbäckerei, Paramentenstickerei, Paramentenweberei, Kerzenwerkstatt und Handweberei, in der wegen der Nähe zur Seidenstadt Krefeld nur reine Seide verarbeitet wird.

Die Ordensfrauen betreiben heute auch wissenschaftliche Bibelforschung. Einige Schwestern können bereits auf eine stattliche Anzahl von Publikationen verweisen und arbeiten mit bei Projekten wissenschaftlicher Institute.

DAS SPEZIELLE ANGEBOT

Das Seminarangebot widmet sich schwerpunktmäßig der biblischen und patristischen Theologie.

Sinn dieser Tage ist eine intensive Auseinandersetzung mit Aspekten des Glaubens. In Gesprächen und Diskussionsrunden soll die Bedeutung der Theologie der Kirchenväter für unser heutiges Leben herausgearbeitet werden.

Zum Standardprogramm gehören Bibelwochen und -wochenenden, aber auch weitere Seminare mit anderen Schwerpunkten. Es besteht auch die Möglichkeit zu „Kloster auf Zeit". Dazu gehört eine intensive Teilnahme am monastischen Tagesablauf genauso wie die Auseinandersetzung mit wichtigen Texten der Regel unter Anleitung einer Ordensschwester.

WEITERE ANGEBOTE FÜR GÄSTE

Im Rahmen von „Evangeliumsgesprächen", die jeden Freitag am Spätnachmittag vor der Vesper stattfinden, können Gäste auch sozusagen „Kloster schnuppern", ohne sich für mehrere Tage dort aufhalten zu müssen. Gleiches gilt auch für die einmal im Monat angebotenen Klosternachmittage, an denen die Ordensfrauen über ihre Lebensform sprechen. Jede dieser Veranstaltungen ist einem speziellen Thema gewidmet, zum Beispiel Askese, Schweigen und Reden,

Täglich gibt es drei Mahlzeiten sowie Kaffee am Nachmittag.

Die Gäste können an den Gottesdiensten und dem Chorgebet der Benediktinerinnen teilnehmen, das in deutscher Sprache nach den Melodien des Gregorianischen Chorals gesungen wird.

Es ist außerdem möglich, in Küche, Haus und Garten mitzuhelfen.

Zum Radeln durch die angrenzenden Naturschutzgebiete stellt das Kloster Fahrräder zur Verfügung.

KONTAKT

Abtei Mariendonk
Niederfeld 11
47929 Grefrath bei Kempen
Tel.: 02152/9154–12
Fax: 02152/9154–53
benediktinerinnen@
mariendonk.de
www.mariendonk.de

Gehorsam, Gottesdienst, Armut, Leben in der Klausur oder auch Themen des Kirchenjahres wie Ostersymbole.

WIE IST MAN UNTERGEBRACHT

Die Abtei Mariendonk verfügt über 14 Einzel– und 2 Doppelzimmer mit Etagendusche sowie zwei Apartments mit Nasszelle. Von den Räumen hat man einen weiten Blick in die niederrheinische Landschaft.

ETWAS BESONDERES

Die Benediktinerinnen in Mariendonk produzieren seit 1926 „Pulmonal", einen Kräuter–Aperitif, der früher als „Lungenstärkungsmittel" bezeichnet wurde. Der Kräuterlikör wird unter Aufsicht der Benediktinerinnen in Kempen hergestellt und ist im Kloster oder per Versand erhältlich.

Seit 2009 gibt es auch Kräuberbonbons, die nach dem Pulmonalrezept hergestellt werden. Die Klosterprodukte kann man im kleinen Klosterladen erwerben.

Abtei Niederaltaich   Benediktiner

EIN BLICK IN DIE GESCHICHTE

Das Kloster Niederaltaich wurde bereits im Jahr 731 vom Bayernherzog Odilo gegründet. Die ersten Mönche kamen aus der Abtei der Bodenseeinsel Reichenau. Sie bearbeiteten und kultivierten Ländereien bis in den Bayerischen und den Böhmerwald. Unter Karl dem Großen reichte der Landbesitz des Klosters bis in die Wachau. Im 9. Jahrhundert gelangte das Kloster zur Blüte, es erhielt unter anderem das Recht der freien Abtwahl.

Über 50 Mönche von Niederaltaich wurden in den folgenden Jahrhunderten als Äbte in andere Klöster oder auf Bischofsstühle berufen.

Höhepunkt der wechselvollen Geschichte war der Bau der barocken Klosteranlage und der Kirche unter Abt Joscio Hamberger in der ersten Hälfte des 18. Jahrhunderts.

1803 wurde das Kloster säkularisiert, und die Mönche wurden vertrieben. 1813 brannten Kirche und Klostertrakte als Folge eines Blitzschlags teilweise nieder. Die barocke Klosteranlage verkam anschließend zu einem Steinbruch.

Mit Hilfe eines Vermächtnisses des Niederaltaicher Religionsprofessors Franz Xaver Knabenbauer konnte das Kloster 1918 durch Mönche der Abtei Metten wiederbesiedelt werden. Etwa die Hälfte der ursprünglichen Bauten war noch vorhanden, sie wurden restauriert, und der Klosterkomplex im Laufe der Jahrzehnte erweitert, so dass er heute von der Größe her wieder dem Baubestand von 1803 entspricht.

ANREISE

Mit der Bahn:
Bahnhof Plattling. Von dort weiter mit dem Zug nach Deggendorf. Dann Taxi oder Bahnbus zum Kloster nehmen.

Mit dem Auto:
Auf der A 3 die Ausfahrt 111 Hengersberg/Niederaltaich nehmen. Das Kloster sieht man gleich nach der Ausfahrt, der Weg dorthin ist aber auch ausgeschildert.

WO LIEGT DAS KLOSTER

Die Abtei Niederaltaich liegt am nördlichen Ufer der Donau, etwa zehn Kilometer östlich von Deggendorf. Hier treffen sich zwei faszinierende Naturräume – der Naturpark Bayerischer Wald mit seinen hügeligen Landschaften und ausgedehnten Wäldern und das Donautal mit Blumenwiesen und Kornfeldern.

In dieser Region gibt es vielfältige Wander- und Radtourenangebote. Das Deggendorfer Land bietet zudem eine Anzahl an sehenswerten sakralen und monastischen Bauwerken, darunter die Benediktiner-Abtei Metten, die Asam-Kirche in Altenmarkt und die Rokoko-Kirche in Loh.

DAS SPEZIELLE ANGEBOT

Die Mönche der Benediktinerabtei Niederaltaich sind weithin bekannt für ihre öku-
menische Lebensform. Traditionen der
West- und der Ostkirche werden hier in
einzigartiger Weise miteinander verbunden.
Das bedeutet, dass ein Teil der Mönche
nach dem römischen und ein anderer Teil
nach dem byzantinischen Ritus lebt und
auch die jeweiligen Gebetszeiten und
Eucharistiefeiern parallel nach dem römi-

Zu den so gestalteten Tagen gehören
unter anderem die Hochfeste Erscheinung
des Herrn, Verkündigung des Herrn,
Himmelfahrt, Verklärung des Herrn, Maria
Geburt und das Fest des hl. Nikolaus, des

schen und byzantinischen Ritus gestaltet.
Hier werden also Konfessionsgrenzen im täglichen Miteinander überwunden.
Das Veranstaltungsprogramm des Gästehauses
St. Pirmin und des Ökumenischen Instituts
der Benediktinerabtei legt daher auch einen
Schwerpunkt auf das Begehen gemeinsamer
kirchlicher Feste. Einige der beiden Riten
gemeinsamen Feste werden im byzantinischen Ritus mit größerer Feierlichkeit
begangen. Zu den zwei bis drei Tage dau-
ernden Festen sind Gäste im Kloster herzlich
willkommen. Beginn ist jeweils am Vorabend
des eigentlichen Festtages mit der Feier
der Virgil. Der Festtag selbst wird mit der
Eucharistiefeier im byzantinischen Ritus
begangen. Dem schließt sich eine Nachfeier
an.

Patrons der byzantinischen Kirche des
Klosters.
Ein zweiter Schwerpunkt des Programms in
Niederaltaich liegt auf Seminaren, die die
spirituellen Schätze der monastischen und
besonders der ostkirchlichen Tradition tiefer
zugänglich und für das persönliche Leben
fruchtbar machen möchten.
Für Gruppen werden gerne spezielle Studien-
oder Einkehrtage konzipiert.
Für Einzelgäste besteht das ganze Jahr über
die Möglichkeit, ob in Verbindung mit einem
Fest, einem Kurs oder ganz individuell, eine
Zeit im Kloster zu verbringen, um zur Ruhe
zu kommen, Kraft zu sammeln und sich neu
auszurichten.

WEITERE ANGEBOTE FÜR GÄSTE

Im Programm sind außerdem Angebote zur Meditation und Besinnung, zur Heiligen Schrift und Theologie, Gelebter Glaube und Psychologie, Exerzitien, Einkehrzeiten sowie Ikonen-Malkurse.

Das spezielle Angebot „Kloster auf Zeit" richtet sich an Männer unterschiedlichen Alters, unterschiedlicher Konfession und unterschiedlicher Berufe, die für zwei Wochen sozusagen einen Einführungskurs ins klösterliche Leben absolvieren möch-

ten. Wer daran teilgenommen hat, hat die Möglichkeit, einmal im Jahr zu einer „Woche der Wiederkehr" nach Niederaltaich zu kommen.

WIE IST MAN UNTERGEBRACHT

Die Gästeunterkünfte in der Abtei verfügen über 36 Einzelzimmer mit Dusche/WC und 12 Einzelzimmer mit Etagendusche. Darüber hinaus gibt es 12 Doppelzimmer mit Dusche/ WC und 8 Doppelzimmer mit Etagendusche. Die Gäste erhalten täglich drei Mahlzeiten sowie Kaffee am Nachmittag. Die Männer des „Klosters auf Zeit" essen mit den Mönchen zusammen im Refektorium. Alle Gäste können an den Gebetszeiten und Eucharistiefeiern teilnehmen.

KONTAKT

Benediktinerabtei Niederaltaich
94557 Niederalteich
Tel.: 09901/208-6
Fax: 09901/208-250
st.pirmin@abtei-niederaltaich.de
www.abtei-niederaltaich.de

ETWAS BESONDERES

Niederaltaich ist ein Kloster mit zwei kirchlichen Traditionen. Ein Teil der Mönche lebt im byzantinischen, der andere im römischen Ritus. Die jahrzehntelange Pflege byzantinischer Liturgie, Spiritualität und Theologie ist zu einer ganz spezifischen Tradition geworden, die man so nur zweimal in Europa – in Niederaltaich und im belgischen Chevetogne – findet. Im Sinne dieser gelebten Ökumene feiern die byzantinischen Mönche Stundengebete und Eucharistie in deutscher Sprache. Hierfür wurden in jahrelanger Arbeit die liturgischen Texte aus dem Griechischen beziehungsweise Kirchenslawischen so ins Deutsche übertragen, dass sie gesungen werden können. Grundlage für die musikalische Gestaltung bildet der russische einstimmige und mehrstimmige Choral.

Die sinnenhaften Gottesdienste bergen große spirituelle Reichtümer, die den Menschen in seiner Ganzheit zur Betrachtung der göttlichen Dinge emporführen möchten.

Da die alte byzantinische Kapelle zu klein wurde für die wachsende Zahl der Gäste, richtete man 1986 im Kloster eine größere Kirche und eine Kapelle ein, die beide dem hl. Bischof Nikolaus von Myra geweiht sind.

Abtei Ottobeuren

WO LIEGT DAS KLOSTER

Die Abtei Ottobeuren liegt im Tal des Flüßchens Günz, rund 11 Kilometer von Memmingen entfernt. Der Kneippkurort Ottobeuren ist eingebettet in die reizvolle Landschaft des Voralpenlands. Landsberg am Lech, Füssen mit den Königsschlössern, Oberstdorf und Augsburg liegen in erreichbarer Nähe und bieten den Gästen des Klosters viele Ausflugsmöglichkeiten. Wanderfreunde und Bergbegeisterte kommen hier voll auf ihre Kosten.

EIN BLICK IN DIE GESCHICHTE

Ottobeuren wurde als Familienkloster der Grafen Silach um 764 gegründet und von Mönchen aus St. Gallen und der Bodensee-Insel Reichenau besiedelt. Im Laufe der Jahrhunderte erlangte das Kloster große Bedeutung für das ganze Umland. Ab dem 10. Jahrhundert war Ottobeuren Reichsabtei. Der kleine Klosterstaat umfasste neben Ottobeuren selbst 27 weitere Dörfer. Im 12. Jahrhundert führte der damalige Abt Rupert die Hirsauer Reform ein, die das klösterliche Leben erneuerte. Unter seinem Nachfolger wurde die bedeutende Ottobeurer Schreibschule gegründet, in der wertvolle Buchmalereien entstanden. Im 16. Jahrhundert entwickelte sich das Kloster zu einem Zentrum des süddeutschen Humanismus. Das äußere Zeichen der Bedeutung von Ottobeuren entstand im 18. Jahrhundert in Form der barocken Klosteranlage und der Klosterkirche, die zu den Hauptwerken des europäischen Barock gehört. Als Folge der Säkularisation wurde das Kloster 1802 aufgehoben, die Mönche blieben aber dort – allen Schikanen zum Trotz. Bereits 1834 wurde Ottobeuren auf Veranlassung von Ludwig I. wieder zum Kloster erhoben. Seit 1918 ist es wieder selbständige Abtei.

DAS SPEZIELLE ANGEBOT

Die Benediktiner legen den Schwerpunkt
ihres Seminarprogramms auf die
Beschäftigung mit Glaubensfragen.
Die Seminare beschäftigen sich beispielsweise mit der Frage, wie der Glaube dem
Einzelnen die Möglichkeit eines selbstbe-
stimmten Lebens eröffnen kann.
Schon mehr als 40mal hat die Ottobeurer
Studienwoche stattgefunden. Sie beschäftigt
sich in Vorträgen und Diskussionen mit dem
Konflikt zwischen Wissen und Glauben und
der Frage, inwieweit diese beiden Pole auf-
einander angewiesen sind.
Die im Sommer terminierte Barockwoche
besteht aus Gesprächen, Diskussionen
und Exkursionen. Man beschäftigt sich
mit Architektur, Kunst und Lebensstil der
Barockzeit.

WEITERE ANGEBOTE FÜR GÄSTE

In Kreativkursen lernt man unter anderem
Ikonenmalerei – die Beschäftigung mit der
Ikone im klösterlichen Ambiente als Form der
Meditation.

Klassische Klosterarbeit entsteht im Kurs
„Krüllbild". Krüllarbeiten werden mit brau-
nen Papierstreifen, die auf einer Seite vergol-
det sind, hergestellt. Die Papierstreifen werden gerollt und zu Ornamenten geformt.
Und im Kunst-Kolleg wird unter dem
Motto „Man sieht nur, was man weiß" das
Bewusstsein geschärft für die Kunst, die uns
täglich umgibt.

WIE IST MAN UNTERGEBRACHT

Die Abtei verfügt über 26 Einzelzimmer mit Dusche/WC, die auch als Doppelzimmer genutzt werden können. Die Benediktiner beherbergen nur Gäste, die an den Kursen teilnehmen oder Stille Tage im Kloster verbringen möchten. Die Gäste erhalten drei Mahlzeiten. Wer am Nachmittag Kaffee und Kuchen haben möchte, findet im Klostercafé ein entsprechendes Angebot.

Alle Gäste sind zu den Stundengebeten und den Eucharistiefeiern der Mönche eingeladen.

Mitarbeit im Kloster ist je nach Jahreszeit und nach vorheriger Absprache möglich.

ETWAS BESONDERES

Die Tagungs- und Begegnungsstätte der Benediktinerabtei Ottobeuren bietet unter dem Titel „Herbstfoyers" abendliche Gespräche über Glaubensfragen an. Einmal pro Woche im November trifft man sich um 19.30 Uhr zu Gedankenaustausch und Diskussion.

ANREISE

Mit der Bahn:
Bahnhöfe Memmingen oder Sontheim. Von dort mit Bussen zum Kloster.

Mit dem Auto:
Auf der A 7 Ulm-Kempten die Ausfahrt Memmingen-Süd nehmen. Dann der Beschilderung zur Abtei folgen.

Auf der A 96 München-Lindau nimmt man die Ausfahrt Erkheim-Ottobeuren. Der Weg zur Abtei ist dann ausgeschildert.

KONTAKT

Benediktinerabtei Ottobeuren
Sebastian-Kneipp-Str.1
87724 Ottobeuren
Tel.: 08332/7980
Fax: 08332/798-125
bildungshaus@abtei-ottobeuren.de
www.abtei-ottobeuren.de

Abtei St. Gertrud Tettenweis

Benediktinerinnen

EIN BLICK IN DIE GESCHICHTE

St. Gertrud wurde 1899 als Niederlassung der Abtei Frauenwörth im Chiemsee gegründet, da das Mutterhaus die Anzahl an Postulantinnen nicht mehr aufnehmen konnte.

Die Schwestern erwarben im Pfarrdorf Tettenweis das Schlößchen der Grafen Joner, das heute noch Teil der Klosteranlage ist. Da die Gebäude jedoch rasch zu klein wurden, begann man 1902 mit dem Bau eines Monasteriums, das im Grundriss den romanischen Klosterbauten von Cluny oder Hirsau entsprechen soll. Im selben Jahr erhielt das Kloster auch seine Selbständigkeit. 1903 konnte der Bau bezogen werden, im selben Jahr richteten die Ordensfrauen auch eine Mädchenschule ein, die bis 1963 bestand. 1927 eröffneten die Benediktinerinnen einen Kindergarten, der heute noch zum Kloster gehört. Es sind dort allerdings keine Schwestern mehr tätig.

Während des Zweiten Weltkriegs konnten die Ordensfrauen in ihrer Abtei bleiben. 1949 wurde die Abteikirche eingeweiht. 1995 eröffneten die Benediktinerinnen gegenüber dem Kloster das neue Gästehaus „Maria Rast".

WO LIEGT DAS KLOSTER

Die Abtei St. Gertrud liegt in einer sanften Hügellandschaft unweit des Rottals im niederbayerischen Bäderdreieck. Ein Ausflug nach Bad Füssing, Bad Griesbach oder Bad Birnbach bietet sich also an, wenn man die dortigen Wellness-Angebote nutzen und für den Körper etwas Gutes tun möchte.

Das direkte Umfeld der Abtei mit Wiesen und Wäldern ist eine Oase der Stille und lädt zu Spaziergängen und Radtouren ein. Vor der Klostermauer grasen Kühe. Gleich hinter dem Klosterbau erstreckt sich ein Park, der zum Klausurbereich gehört.

DAS SPEZIELLE ANGEBOT

Die Ordensfrauen in Tettenweis haben ein kleines Kursangebot mit einem Schwerpunkt auf biblischen Themen. Unter dem Motto „Einkehr bei den Psalmen" entdecken die Teilnehmer beim Studium von Bibeltexten gemeinsam Neues zu „alten" Themen wie Sünde, Beichte, Versöhnung, Gnade. Oder auch zu den „letzten" Dingen wie Tod, Fegefeuer, Himmel und Hölle.

Krankheit und Sterben aus spiritueller Sicht ist ein eigener Kurs gewidmet, der von einer Ordensfrau geleitet wird, die Krankenschwester ist.

WEITERE ANGEBOTE FÜR GÄSTE

Jedes Jahr laden die Schwestern von Tettenweis Gäste ein, Karwoche und Ostertage bei ihnen zu verbringen. Zwischen Palmsonntag und Ostermittwoch betet und schweigt man, tauscht man sich aus und feiert – gemeinsam mit den Benediktinerinnen. Märchenhafte Tage gibt es im Kloster viele, aber hin und wieder sind sie auch Motto für einen Kurs, bei dem man mit Märchen „ins eigene Innere reist".

WIE IST MAN UNTERGEBRACHT

Das Gästehaus des Klosters verfügt über 2 Apartments, 3 Doppel- und 8 Einzelzimmer mit Nasszelle sowie 12 Einzelzimmer mit Etagendusche. Ein Einzelzimmer im Erdgeschoß ist behindertengerecht ausgestattet. Im Haus gibt es einen Vortragsraum, eine Teeküche, Fernsehraum und Meditationsraum. Die Gäste erhalten drei Mahlzeiten täglich sowie Kaffee am Nachmittag. Alle Besucher können an den Gebetzeiten der Schwestern und an der täglichen Eucharistiefeier teilnehmen. Für Schülerinnen, Studentinnen und andere weibliche Gäste des Klosters ohne festes Einkommen gibt es die Möglichkeit zu einem Au-pair-Aufenthalt. Bei vier Stunden Mitarbeit täglich sind dann Kost und Logis frei. Das Gästehaus ist im Dezember und Januar geschlossen.

ETWAS BESONDERES

Zum Kloster gehören mehrere kleine Betriebe, darunter ein schon 1923 gegründetes Steppdeckenatelier. In einem eigenen Laden kann man unter der fachlichen Beratung von Schwester Lioba im Kloster gefertigte Decken, Kissen und Oberbetten erwerben. Das Angebot ist vielfältig und kann auch per Versand bestellt werden. Ebenfalls im Kloster gefertigt, in einem seit 1924 existierenden Wachsatelier, werden

Wachsköpfe, Krippenfiguren, Bambino- und Engelköpfe sowie Fatschenkindl in verschiedenen Ausführungen. Wer nicht eigens nach Tettenweis fahren kann, um diese Klosterarbeiten vor Ort zu erwerben, kann sie auch bestellen.

Auch für das leibliche Wohl sorgen die Ordensfrauen in Form ihrer selbstgemachten Nudeln – mit und ohne Dinkel, mit und ohne Eier, mit und ohne Kräuter. Das ganze Sortiment gibt es an der Pforte oder per Versand innerhalb Deutschlands.

ANREISE

Mit der Bahn:
Bahnhof Pocking, von dort per Taxi 6 km zum Kloster.

Mit dem Auto:
Auf der B 12 München-Passau Abfahrt Pocking nehmen. Dann der Ausschilderung nach Vilshofen folgen. Auf der Strecke liegt Tettenweis und am Ortsende das Kloster.

Auf der B 8 Regensburg-Passau Abfahrt Vilshofen. Dann der Beschilderung nach Tettenweis folgen. Das Kloster befindet sich am Ortsende.

KONTAKT

Benediktinerinnen-Abtei
St. Gertrud
Hauptstr. 2
94167 Tettenweis
Tel.: 08534/9709-0
Fax: 08534/9709-100
abtei-tettenweis@t-online.de
www.sankt-gertrud.de

Abtei Benediktinerinnen
Unserer Lieben Frau Varensell

ANREISE

Mit der Bahn:
Bahnhof Gütersloh. Von dort mit dem Taxi die rund 10 km zum Kloster oder mit dem Bus Linie 77 Richtung Rietberg ab Busbahnhof Gütersloh, der gegenüber dem Bahnhof hinter dem Kino liegt. Die Fahrt dauert etwa 15 Minuten.

Mit dem Auto:
A 2 Ausfahrt 24 Gütersloh/Verl. Dann weiter Richtung Verl/Rietberg bis zur Abzweigung rechts nach Varensell.

WO LIEGT DAS KLOSTER

Die Abtei liegt in der Ems-Ebene in Ostwestfalen. Die Landschaft ähnelt der des Münsterlandes. Der Ort Varensell, in dessen Mitte sich das Kloster befindet, gehört zur Stadt Rietberg im Kreis Gütersloh.
Rietberg hat eine reizvolle Altstadt, 2008 findet hier die Landesgartenschau statt. Auch das nahegelegene Wiedenbrück besitzt einen sehenswerten alten Stadtkern.
Die das Kloster umgebende Landschaft ist ideal zum Radfahren und Spazierengehen.

EIN BLICK IN DIE GESCHICHTE

Um die Wende vom 19. zum 20. Jahrhundert suchten die Benediktinerinnen vom Kloster Maria Hamicolt bei Dülmen/Westfalen nach einem geeigneten Ort für eine Klosterneugründung. Die Gemeinde Varensell engagierte sich in dieser Sache, und am 10. Juli 1902 wurde dort das Benediktinerinnenkloster Unserer Lieben Frau gegründet. Zwischen Gemeinde und Kloster bestand von Anfang an eine enge Beziehung, die örtliche Kirche wurde sowohl als Gemeinde- als auch als Klosterkirche genutzt. 1956 entstand ein Kirchenneubau, und auch die neugotischen Klostergebäude wurden zwischen den Jahren 1961 und 1969 durch Neubauten ersetzt. Alle Entwürfe für die Glasfenster, Mosaiken, Fresken und bildhauerischen Werke in Kirche und Kloster stammen von Schwester Erentrud Trost aus Varensell. Die Mosaikarbeiten führte die klostereigene Kunstwerkstatt sogar selbst aus.

DAS SPEZIELLE ANGEBOT

Die Benediktinerinnen in Varensell veranstalten regelmäßig in der Fastenzeit und im
Advent Wüstenwochenenden, an denen
die Teilnehmer sich ins Kloster zurückziehen, um so ihren Glauben zu vertiefen.
Zu den Angeboten des Wochenendes
gehören Einführungsgespräch, geführte
Meditationen, Möglichkeit zur Teilnahme
am Stundengebet der Schwestern sowie –
wenn gewünscht – auch Einzelgespräche.
Unter dem Leitspruch „Dir im Schweigen
begegnen" können
Einzelgäste eine ganze
Woche in Schweigen
im Kloster verbringen.
Sie können diesen Ort
als Rückzugsraum nut-
zen und durchgängiges
Schweigen auch während
der Mahlzeiten üben.
Auf Wunsch erhalten
die Gäste einen
Impuls für den Tag,
Einführungen in die
Körperwahrnehmung
und Einzelgespräche. Wer möchte, kann im
Klostergarten mitarbeiten. Es ist auch möglich, nur an einzelnen Tagen dieser Woche
teilzunehmen.

Der Grundkurs Glauben „Christ sein?"
besteht aus sechs über das Jahr verteilten
Einheiten. Er ist ein Angebot für Menschen,
die den christlichen Glauben neu oder
wieder für sich entdecken möchten. Man
geht unter anderem der Frage nach, was
der Glaube für das eigene Leben bedeuten
kann.

WIE IST MAN UNTERGEBRACHT

Das im Sommer 2005 neu gestaltete Gäste-haus St. Benedikt hat 28 Einzelzimmer, davon 19 mit Dusche/WC. Fast alle diese Räume sind auch als Doppelzimmer nutzbar. Darüber hinaus gibt es 3 Doppelzimmer, davon 2 mit Dusche/WC.

Täglich gibt es drei Mahlzeiten sowie Kaffee am Nachmittag. Den Gästen steht ein eigener Garten zur Verfügung. Alle Gäste können an den Gebetzeiten und den Eucharistiefeiern der Benediktinerinnen teil-nehmen.

Nach Absprache ist Mitarbeit im Kloster möglich.

WEITERE ANGEBOTE FÜR GÄSTE

Kloster Varensell bietet Familien-Wochenenden an mit Besinnungs- und Meditationstagen. Sie stehen in Bezug zu den großen Festen des Kirchenjahres und sollen den unterschiedlichen Generationen die Möglichkeit eröffnen, gemeinsam Glauben zu erfahren. Die Familienmitglieder tauschen sich aus in Besinnungsphasen, Meditation und Spiel.

KONTAKT
Abtei Varensell
Hauptstr. 53
33397 Rietberg-Varensell
Tel.: 05244/5297-130
Fax: 05244/1876
gaestehaus@abtei-varensell.de
www.abtei-varensell.de

In den Monaten April bis Oktober können Gäste ab 17 Jahren im Rahmen eines Au-pair-Aufenthalts Tage im Kloster verbringen. Bei Mithilfe von vier Stunden täglich in Haus oder Garten reduzieren sich die Aufenthaltskosten auf einen geringen Betrag.

ETWAS BESONDERES

Neben der Gästebetreuung tragen verschiedene Werk-stätten und Geschäftszweige zum Lebensunterhalt der Abtei bei. Außer der Buch- und Kunsthandlung sind dies die Werkstatt für Paramentik, in der liturgische Gewänder sowie Altar- und Kelchwäsche hergestellt werden, die Hostienbäckerei, die alle gängigen Oblatentypen für Kirchengemeinden produziert, sowie eine kleine Land- und Viehwirtschaft, die der klo-stereigenen Versorgung dienen.

Benediktiner Abtei Weltenburg

EIN BLICK IN DIE GESCHICHTE

Der markante Felssporn war schon vor rund 4000 Jahren besiedelt. Kelten und Römer lebten hier.

Um 600 errichteten die Missionare St. Eustasius und St. Agilus aus Luxeuil in Burgund, die Schüler des hl. Kolumban waren, an der Stelle der heutigen Benediktinerabtei ein iroschottisches Kloster. Weltenburg gilt damit als älteste klösterliche Niederlassung in Bayern.

WO LIEGT DAS KLOSTER

Am Eingang des Donaudurchbruchs liegt die imposante Klosteranlage mitten im europäischen Kulturerbe, dem Naturschutzgebiet „Weltenburger Enge". Die Position an der wildromantischen Flußlandschaft ist einzigartig und hat Weltenburg zu einem touristischen Ziel ersten Ranges werden lassen. Rund 500.000 Besucher kommen jedes Jahr – unter anderem auch, um die von den Gebrüdern Cosmas Damian und Egid Quirin Asam geschaffene Klosterkirche St. Georg zu besichtigen. Sie ist ein Meisterwerk europäischen Barocks.

Wer als Übernachtungsgast im Kloster weilt, findet in der näheren Umgebung zahlreiche Möglichkeiten zum Wandern und Radfahren. Am Kloster selbst führt der Donauradweg vorbei.

Um 750 schickte der hl. Bonifatius Benediktinermönche nach Weltenburg. Das erste schriftliche Zeugnis des Klosters als „Monasterium Weltinpurc" stammt aus dem Jahr 1040.

ANREISE

Mit der Bahn:
Bahnhof Abensberg auf der Bahnstrecke zwischen Ingolstadt und Regensburg. Von dort mit dem Taxi zum Kloster.

Mit dem Auto:
Auf der A 93 von Weiden Ausfahrt Hausen nehmen. Von dort der Beschilderung nach Weltenburg folgen.

Inneres und Äußeres sollen
zusammenstimmen,
dass Herz und Stimme
in Einklang sind
(aus der Benediktusregel)

In den folgenden Jahrhunderten ist die Geschichte des Klosters ein Wechsel zwischen Niedergang und Blüte. Im 18. Jahrhundert erlangte das Kloster eine besondere Bedeutung. Es besaß eine renommierte Musikschule, eine bedeutende Bibliothek und ein naturwissenschaftliches Kabinett. In die erste Hälfte des 18. Jahrhunderts fällt auch der Bau der Barockkirche, sie wurde am 9. Oktober 1718 eingeweiht und bis 1739 von dem Maler

DAS SPEZIELLE ANGEBOT

Ein Tätigkeitsschwerpunkt der Weltenburger Benediktiner liegt in der Erwachsenenbildung im Rahmen der Heimvolkshochschule der Weltenburger Akademie. Besonderes Anliegen der Mönche ist es, das religiöse Element in den Geisteswissenschaften zu fördern.

Das Seminarprogramm ist nicht sehr umfangreich, aber gekennzeichnet durch hohen Anspruch. Regelmäßig finden Hildegard-Seminare statt, in denen es unter anderem um die Bedeutung ihrer Schriften für unsere heutige Zeit geht.

Die Kant-Seminare in der Abtei führen ein und setzen sich auseinander mit der „Kritik der reinen Vernunft".

Seminare zur christlichen Ethik beschäftigen sich beispielsweise mit der Position der Ordensleute zu Krieg und Frieden, zum Lebensende oder zur Gentechnik.

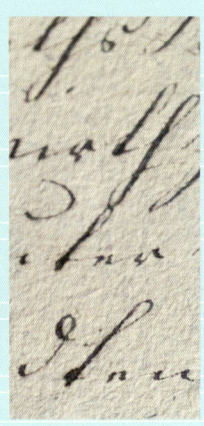

Cosmas Damian und dem Bildhauer und Stukkateur Egid Quirin Asam ausgestaltet. Die Säkularisation setzte dem Klosterleben 1803 ein jähes Ende, Weltenburg wurde aufgelöst. 1842 erfolgte auf Veranlassung Ludwigs I. die Wiederbesiedlung durch Benediktinermönche aus Metten. Seit 1913 ist Weltenburg wieder Abtei.

WEITERE ANGEBOTE FÜR GÄSTE

Regelmäßig finden in Weltenburg Bildungstage statt, die sich mit Themen wie „Erlösung" und deren Bedeutung in unserer Zeit beschäftigen.

„Gottesbildern in den Psalmen" widmen sich Veranstaltungen, die ebenfalls jährlich stattfinden.

WIE IST MAN UNTERGEBRACHT

Die zum Kloster gehörende Begegnungsstätte St. Georg verfügt über 24 Einzelzimmer, davon 19 mit Dusche/WC, sowie
über 18 Doppelzimmer mit Dusche/WC.

ETWAS BESONDERES

400 Meter vom Kloster entfernt liegt
die Anlegestelle der Personenschifffahrt
im Donau- und Altmühltal. Mit dem
Schiff kann man von März bis Oktober
einen Ausflug durch die wildromanti-
sche Flußlandschaft unternehmen und
von Weltenburg nach Kelheim fahren.

KONTAKT

Benediktinerabtei
Weltenburg
Asamstr. 32
93309 Kelheim/Donau
Tel.: 09441/204-0
Fax: 09441/204-145
abtei-weltenburg@
t-online.de
www.kloster-weltenburg.de

Die Gäste können den Umfang ihrer
Verpflegung selbst wählen, es gibt die
Möglichkeit, nur Übernachtung mit
Frühstück zu buchen oder auch Halb-
oder Vollpension.
Gäste des Klosters können an den
Stundengebeten der Mönche sowie an den
täglichen Eucharistiefeiern teilnehmen.

Donauabwärts dauert die Fahrt 20 Minuten,
donauaufwärts – zurück von Kelheim nach
Weltenburg – benötigt man 40 Minuten.
Zur Erfrischung kann man dann das
Weltenburger Bier in der Klosterschenke
probieren.

V. Stille Tage

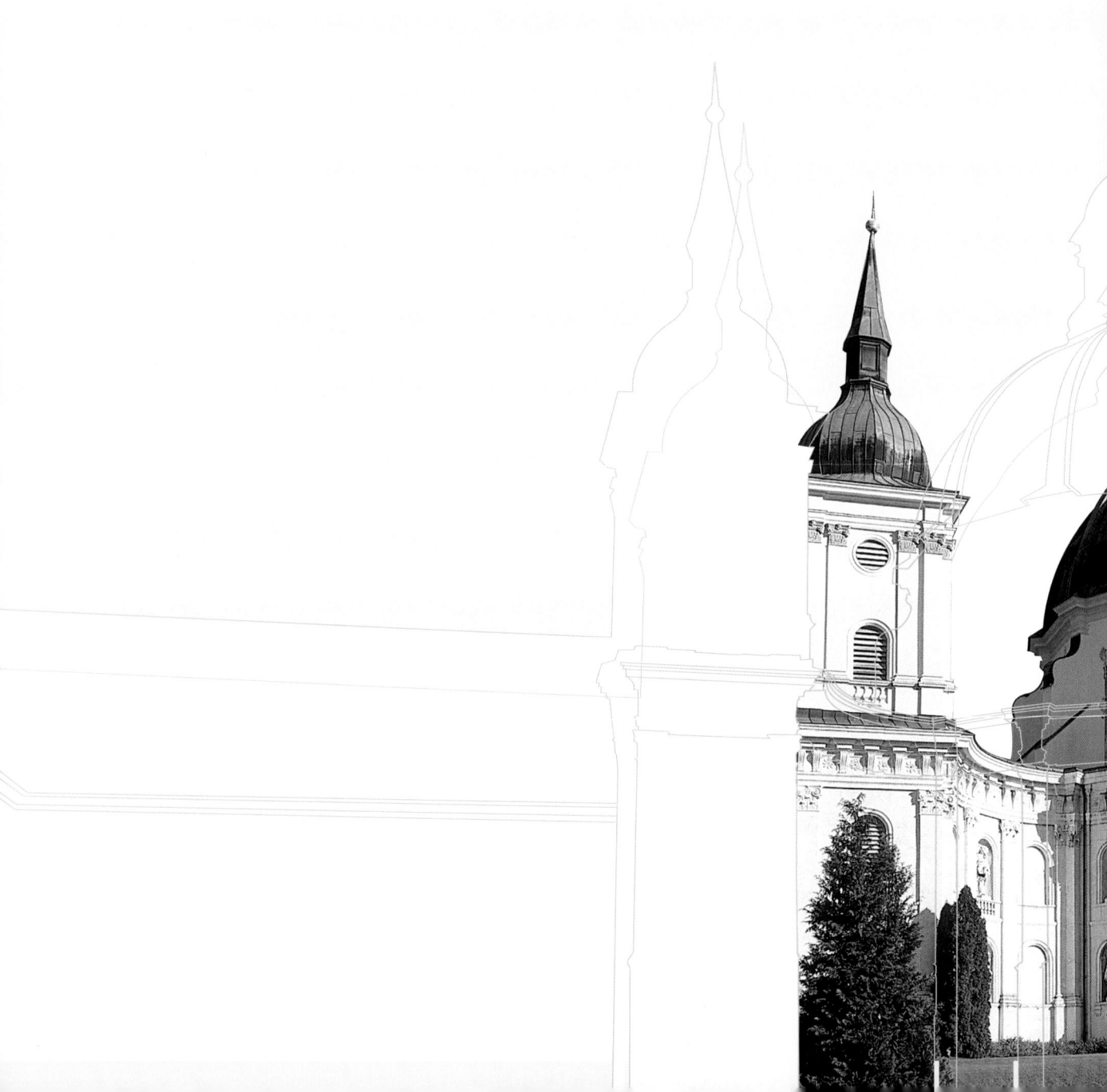

Kloster Ettal Benediktiner

ANREISE

Mit der Bahn:
Von München/Starnberger Bahnhof
Richtung Garmisch bis Oberau.
Von dort mit dem Bus Richtung
Oberammergau. Die Haltestelle Ettal
befindet sich direkt vor dem Kloster.
Mit dem Auto:
Autobahn München–Garmisch bis
Eschenlohe, dann auf der B 23 bis
Oberau. Dort den Wegweisern nach
Ettal folgen.

Ganz in der Nähe sind so
berühmte Ausflugsziele wie
Oberammergau, das Schloss
Linderhof oder Bad Kohlgrub.
Die Klosteranlage mit ihrer
Rokoko-Kirche ist umgeben
von einer kleinen dörflichen
Ansiedlung mit gastronomischen
Betrieben, Buchhandlung und
dem Klosterladen, in dem unter
anderem das seit 1609 im Kloster
gebraute Bier und die berühmten
Klosterliköre verkauft werden.
„Eine Verkostung derselben gehört genauso
zu Ettal wie die geistliche Besinnung und das
landschaftliche Erlebnis", meint Gästepater
Anselm Stitzinger.

WO LIEGT DAS KLOSTER

Die Abtei ist eingebettet in die Umgebung
der Ammergauer Bergwelt. Gleich hinter
dem Kloster beginnt der Bergwald. Nahe
bei der Abtei sind die Ammerquellen. Dem
Kloster gehört der größte landwirtschaftliche
Betrieb im oberbayerischen Ammertal.
Ettal liegt an einer der schönsten Positionen
des Alpenlands. Hier kann man ausgedehnte
Radtouren und Wanderungen unternehmen,
beispielsweise durch das Graswangtal, oder
die Gipfel der Ammergauer Berge erklim-
men, darunter das berühmte Ettaler Mandl
mit 1.634 Metern.

EIN BLICK IN DIE GESCHICHTE

Ettal wurde 1330 vom römisch-deutschen
Kaiser Ludwig dem Bayer gegründet. „Unser
frawen ê-tal" wurde das Kloster von Anfang
an genannt, was „Das unserer Frau (Maria)
angelobte Tal" bedeutet. Mittelpunkt des
Klosters und Grund für eine stetig zunehmende Wallfahrt war ein Marienbild aus
weißem Marmor, das der Kaiser aus Italien
mitgebracht hatte. Es befindet sich heute im
Hochaltar.
Gleich zu Anfang gab es die Besonderheit,
dass im Kloster nicht nur Mönche, sondern
auch Ritter lebten.
Die Abtei wuchs und entfaltete ständig neue
Wirkungsgebiete. 1711 gründete der damalige Abt Placidius II. Seiz eine Ritterakademie,
die sich bald zur international gefragten
Bildungsstätte entwickelte.
1803 wurde das Kloster im Rahmen der
Säkularisation aufgehoben und erst 1900
durch Mönche der Abtei Scheyern bei
Pfaffenhofen/Ilm neu besiedelt. 1907 konnte Ettal schließlich wieder zur Abtei erhoben
werden.

„Dem Gottesdienst
darf nichts vorgezogen werden"
(aus der Benediktusregel)

DAS SPEZIELLE ANGEBOT

Ettal nimmt nur männliche Einzelgäste
auf. Dies liegt in der Besonderheit begründet, dass die Gäste mit in der Klausur
leben. Dadurch ist der Kontakt zu den
Ordensbrüdern sehr eng. Man nimmt auch
Mittag- und Abendessen mit ihnen gemeinsam im Refektorium ein. Nur das Frühstück
für Gäste gibt es in einem eigenen Raum.

Hier in der Stille des Klosters sollen die
Gäste durch Lektüre, Meditation, Gebete
und Gespräche zur Ruhe kommen.
Die Benediktiner bieten geistliche
Begleitung an und geben auf Wunsch auch
Anregungen zu Lektüre und Meditation.

WIE IST MAN UNTERGEBRACHT

Das Kloster hat 10 Einzelzimmer mit
Nasszellen, die in ihrer Größe und
Schlichtheit Klosterzellen ähneln.
Die Gäste können an allen Gebetzeiten
sowie den Eucharistiefeiern teilnehmen, die
drei- bis viermal in der Woche gregorianisch
gesungen werden.
Mitarbeit im Kloster ist nicht möglich.

ETWAS BESONDERES

Ettal hat eine eigene Destillerie, in der
Frater Vitalis Maria als Ein-Mann-Betrieb die
berühmten Ettaler Klosterliköre herstellt.
Die Rezepte für den Grünen Likör und den
Magenbitter stammen noch aus dem
16. Jahrhundert. Der Frater probiert aber
auch immer wieder neue Rezepturen aus und
hat erst vor kurzem den „Heulikör" entwikkelt, eine Kreation aus rund 60 Kräutern von
den klostereigenen Wiesen.
Frater Vitalis stellt aber nicht nur Gutes für
das Innere des Menschen her, sondern auch
fürs Äußere: Eau de Cologne für Damen und
Herren sowie ein Rasierwasser. „Bonus Odor"
heißt die Serie.
Nach Anmeldung sind Führungen durch
die Destillerie möglich. Die Klosterprodukte
kann man auch bestellen.
Zum Kloster gehören ein humanistisches
Gymnasium für Jungen und Mädchen, an
dem teilweise auch Ordensbrüder unterrichten, sowie ein Internat.

KONTAKT

Benediktinerabtei Ettal
Kaiser-Ludwig-Platz 1
82488 Ettal
Tel.: 08822/74-0
Fax: 08822/74-228
kloster-ettal@web.de
www.kloster-ettal.de

Kloster Franziskaner
Eggenfelden

WO LIEGT DAS KLOSTER

Das Kloster Eggenfelden liegt im Dreieck
zwischen Passau, Traunstein und Landshut.
In dieser landschaftlich reizvollen
Umgebung kann man sehr viel unterneh-
men. Wandermöglichkeiten gibt es in Fülle.
Man kann aber auch dem bekannten
Wallfahrtsort Altötting einen Besuch abstat-

ten und dann gleich auf dem Weg Marktl,
den Geburtsort von Papst Benedikt XVI.,
besuchen.
Auch Passau selbst oder das rund 40
Kilometer entfernte Burghausen lohnen
einen Ausflug.

EIN BLICK IN DIE GESCHICHTE

Der erste Franziskaner kam 1648 als
Seelsorger nach Eggenfelden. Ihm folgten
bald weitere Patres, die zunächst in einem
Notquartier im Lazaretthaus des Marktes
Quartier fanden.
1654 konnte mit dem Bau von Kirche
und Konventgebäude begonnen werden. Das Kloster fand in den folgenden
Jahrzehnten großen Zulauf. 1762 lebten
knapp 40 Ordensleute und Kleriker im
Kloster Eggenfelden. Auch der Zustrom
von Gläubigen wuchs beständig, so dass die
Kirche 1737 erweitert werden musste.
Im Zuge der Säkularisation mussten die
Franziskaner das Kloster 1802 verlassen und
wurden nach Dietfurt im Altmühltal vertrieben. Klostergebäude und Inventar kamen
unter den Hammer. In die Konventgebäude
zogen Brauerei und Gasthaus ein.
Auf Bitten der Bevölkerung und nach meh-
reren Petitionen beim bayerischen König
Ludwig I. konnte das Kloster Eggenfelden
1832 dann wieder durch Franziskaner besiedelt werden.

DAS SPEZIELLE ANGEBOT

Im Kloster Eggenfelden können männliche Gäste für eine Woche mit den Franziskanern zusammenleben.

Willkommen ist, wer Ruhe und Abstand zum Alltag braucht und die franziskanische Lebensweise kennenlernen möchte.

Man isst gemeinsam mit den Brüdern und schläft Tür an Tür mit ihnen. Die Franziskaner erwarten von ihren Gästen, dass sie an den Gebetszeiten teilnehmen. Der Besuch der Eucharistiefeiern ist jedem Gast freigestellt. Die Ordensleute freuen sich über Unterstützung bei ihrer Arbeit in Küche, Haus und Garten.

ANREISE

Mit dem Zug:

Passau Hauptbahnhof. Von dort mit dem Zug Richtung Mühldorf nach Eggenfelden. Vom Bahnhof Eggenfelden-Mitte sind es 15 Gehminuten bis zum Kloster.

Mit dem Auto:

Auf der Autobahn Regensburg-Passau die Ausfahrt Straubing nehmen. Dann auf der B 20 Richtung Süden weiter.

„Wenn es dir gut tut, dann komm"
(Franz von Assisi)

KONTAKT

Kloster Eggenfelden
Franziskanerplatz 1
84307 Eggenfelden
Tel.: 08721/9659-0
Fax: 08721/9659-16
eggenfelden@franziskaner.de
www.franziskaner.de

WEITERE ANGEBOTE FÜR GÄSTE

Jeden Dienstagabend finden Meditationen statt. Hier sind auch Gäste willkommen, die nur mal hineinschnuppern möchten. Zweimal pro Jahr gibt es darüber hinaus auch Meditationswochenenden.

WIE IST MAN UNTERGEBRACHT

Das Kloster Eggenfelden hat 7 Einzelzimmer mit Etagendusche. Für die Gäste gibt es täglich drei Mahlzeiten. Wer zwischendurch einen Kaffee trinken möchte, kann sich in der Küche bedienen.

ETWAS BESONDERES

Im Eggenfeldener Kloster gibt es eine Kegelbahn. Dies war in früheren Ordenshäusern durchaus üblich. Überlebt hat diese Tradition aber nur hier. Das besondere an dieser Kegelbahn ist, dass sie auf einer Seite offen gebaut ist. Man hat also quasi hier eine „Open-Air-Situation". Traditionell kommt in den wärmeren Monaten die „Dienstagsgesellschaft" hierher, um dem Kegelsport zu frönen. Gäste des Klosters sind herzlich willkommen.

Zisterzienserinnen

Abtei Lichtenthal

WO LIEGT DAS KLOSTER

Die Abtei Lichtenthal liegt am Rande der Stadt Baden-Baden. Ganz am Ende der berühmten Lichtenthaler Allee, die durch einen wunderschönen Park führt, vorbei an Museen, Spielbank und Kurhaus. Besonders bemerkenswert ist hier das Ende 2005 eröffnete Frieder-Burda-Museum. Ein Bau des berühmten amerikanischen Architekten Richard Meier, in dem der Offenbacher Verleger zum Teil hochkarätige Exponate aus seiner Kunstsammlung präsentiert.

Die geschlossene Klosteranlage besteht aus dem barocken Abteigebäude, dem Konventgebäude, der Klosterkirche, dem ehemaligen Pförtnerbau, der alten Mühle und der ehemaligen Ökonomie, die heute als Gästehaus dient. Zum im Halbrund angelegten Komplex gehört außerdem eine Schule. Zudem befindet sich im Areal die berühmte Fürstenkapelle, die im Jahr 1288 als Grablege für die Markgrafen von Baden gestiftet wurde. Sehenswert sind dort die spätgotischen Altarbilder aus dem Umfeld Martin Schongauers. Die Kapelle ist sehr beliebt für Trauungen und Taufen. Im Klausurbereich des Klosters gibt es ein kleines Museum mit Gebrauchs- und Kunstgegenständen aus der 760jährigen Geschichte der Abtei. Das Museum ist nur unter fachkundigen Führungen zugänglich. Der Eingang zum Komplex der Abtei führt durch ein Klostertor, das am Abend geschlossen wird.

Das Besondere der Abtei macht ihre Lage in einer Schleife des Oosbachs am Fuße des Leisbergs aus. Idyllisch und ruhig ist es hier und dennoch nur 15 Minuten Fußweg vom Zentrum Baden-Badens entfernt. Man kann als Gast im Kloster also von allen Vorzügen der Bäderstadt profitieren, einschließlich des ausgedehnten Wanderwegenetzes.

ANREISE

Mit der Bahn:

Bahnhof Baden-Baden. Von dort mit der Buslinie 201 bis Haltestelle Klosterplatz.

Mit dem Auto:

Autobahn A 5 bis Baden-Baden. Dann auf der B 500 durch den Michaelstunnel, danach an der 1. Ampel rechts halten und der Beschilderung zum Kloster folgen.

EIN BLICK IN DIE GESCHICHTE

Das „Monasterium Lucidae Vallis"
(Lichtenthal) wurde 1245 von der
Markgräfin Irmengard von Baden gestiftet und dem Zisterzienserorden einver-
leibt. Die ersten Schwestern kamen aus
der Zisterzienserinnen-Abtei Wald bei
Meßkirch.

Das Kloster überstand im Laufe der folgen-
den Jahrhunderte alle Kriegswirren, blieb
allerdings im Dreißigjährigen Krieg
(1618–1648) von Plünderungen nicht
verschont.
Eine Brandstiftung im Jahr 1734 zerstörte
das Ökonomiegebäude mit sämtlichen
Vorräten.
Selbst in der Säkularisation blieb das
Kloster bestehen. Die Ordensfrauen wurden allerdings dazu verpflichtet, eine
Mädchenschule zu eröffnen. Diese besteht
heute noch als gemischte Grundschule.
Träger ist inzwischen die Stadt Baden-
Baden, allerdings sind noch einzelne
Nonnen als Lehrerinnen dort tätig.
Auch den Ersten Weltkrieg überstand die
Klostergemeinschaft unbehelligt.
Im Zweiten Weltkrieg allerdings beschlag-
nahmte die NS-Gauleitung das Schulhaus,
die Zisterzienserinnen durften nicht mehr
dort unterrichten. Die Ordensfrauen sicher-
ten sich ihren Standort aber, indem sie die
Verpflegung der Insassen eines benachbarten
Gefangenenlagers übernahmen.
So konnten sich die Ordensfrauen mehr als
760 Jahre am selben Ort halten.

DAS SPEZIELLE ANGEBOT

Die Schwestern der Abtei Lichtenthal
nehmen Einzelgäste für Stille Tage im
Kloster auf.

Hier haben sie die Möglichkeit, im
Ambiente eines Schweigeklosters zu sich
selbst zu finden. Auf Wunsch bieten die
Ordensfrauen geistliche Gespräche an.
In Einzelfällen gibt es nach Absprache die
Möglichkeit, im Kloster mitzuarbeiten, bei-
spielsweise bei der Beerenernte.
Auch Gruppen bieten die Zisterzienserinnen
Unterkunft, Verpflegung und Tagungsräume
in der ausgebauten Remise an.

WIE IST MAN UNTERGEBRACHT

Lichtenthal hat für Einzelgäste eine begrenzte Anzahl Einzel- sowie Doppelzimmer mit Dusche/WC, darüber hinaus Einzel- und Doppelzimmer mit Etagendusche.

Für Gruppen stehen zusätzliche Zimmer zur Verfügung.
Die Gäste, denen drei Mahlzeiten angeboten werden, essen nicht mit den Schwestern zusammen, sondern in einem gesonderten Speiseraum. Sie können aber am Chorgebet und der Eucharistiefeier der Ordensfrauen teilnehmen.

ETWAS BESONDERES

Die Zisterzienserinnen stellen eigene Produkte her, die nur im klostereigenen Laden erworben werden können. Darunter Konfitüren, verschiedene Gebäcksorten und drei Liköre: Der „Edelbronnlikör" unter-

stützt Herz und Kreislauf, „Angelika" ist gut für den Magen, und der „Klosterlikör" ist ein Allroundmittel für das allgemeine Wohlbefinden.
Eine weitere Spezialität sind die Klostertropfen „Nerventrost",
„Magentropfen" und „Herztropfen".
Neben diesen Flüssigkeiten für Leib und Seele dekorieren die Ordensfrauen auch Kerzen, auf Bestellung mit Namenszug oder speziellen Motiven.
Ein Angebot für Musikfreunde: In der Lichtenthaler Klosterkirche finden immer wieder Konzerte statt.

KONTAKT

Cistercienserinnen-Abtei Lichtenthal

Hauptstr.40
76534 Baden-Baden
Tel.: 07221/50491-0
Fax: 07221/50491-53
abtei-lichtenthal@web.de
www.abtei-lichtenthal.de

Abtei Maria Laach Benediktiner

WO LIEGT DAS KLOSTER

Die Abtei Maria Laach liegt in traumhafter Landschaft in der Vulkaneifel, direkt am Rande des Laacher Sees. Schon von weitem sieht man die imposante Abteikirche mit Konvent und umliegenden Gebäuden oberhalb des größten Eifelmaars thronen. Die 1093 begonnene und 1220 vollendete Basilika gehört zu den bedeutendsten Bauwerken deutscher Romanik. Ältester Teil ist die Krypta.

Die Region um die Abtei ist Naturschutzgebiet. Im Osten gehen die Wälder bis an den Rand des Sees, am restlichen Uferbereich breiten sich Wiesen und Felder aus.

Das Laacher Seengebiet ist vulkanischen Ursprungs. Vor 10.000 Jahren waren diese Vulkane noch aktiv. Dies ist auch der Grund für die vielen Gesteinsarten in dieser Region – Basalt, Trachyt, Bims und Traß beispielsweise. Der Laacher See ist etwa zwei Kilometer breit und drei Kilometer lang. Im Sommer gibt es hier idyllische Badestellen. Man kann Tretboote mieten oder mit einem kleinen Segelboot auf dem Gewässer schippern. Rings um den See führt ein Wanderweg, eine von vielen Wandermöglichkeiten im Umfeld der Abtei. Auch Radtouristen haben ein reiches Angebot an Touren durch die Eifel.

Wer Ausflüge in die Umgebung machen möchte, findet viele Möglichkeiten: ins nahegelegene Rheintal, an die Mosel oder ins Rotweinanbaugebiet an der Ahr. Nicht allzu weit entfernt erhebt sich die „Hohe Acht", mit 747 Metern der höchste Berg der Eifel. Nebenan ist die berühmte Rennstrecke Nürburgring.

Im Mai und Juni ist es in diesem Gebiet besonders schön. Dann blüht das „Gold der Eifel" – der Ginster.

ANREISE

Mit der Bahn:
Bahnhof Andernach. Von dort Busverbindung nach Maria Laach.

Mit dem Auto:
Auf der A 61 Köln/Bonn-Koblenz die Ausfahrt Maria Laach nehmen und anschließend der Beschilderung zum Kloster folgen.

EIN BLICK IN DIE GESCHICHTE

Die Benediktinerabtei wurde 1093 durch den Pfalzgrafen Heinrich II. bei Rhein und seiner Gattin gestiftet. Nach dem Tod des Stifterehepaars ruhten die Bauarbeiten zunächst, wurden aber 1112 durch Pfalzgraf Siegfried von Ballenstedt fortgeführt. Im selben Jahr kamen die ersten Mönche aus Brabant. In den folgenden Jahrhunderten machten sich die Ordensleute von Maria Laach vor allem durch wissenschaftliche Forschungen einen Namen.

1802 mussten die Ordensmänner die Abtei im Zuge der Säkularisation verlassen.

1820 kaufte der Trierer Regierungspräsident Daniel Heinrich Delius Klostergebäude, See und Ländereien, um dort ein Rittergut einzurichten. Die Kirche blieb Staatseigentum.

1862 erwarben die Jesuiten Maria Laach von der Familie Delius und errichteten dort ein Studienkolleg. Sie mussten aber im Rahmen des preußischen Kulturkampfs Maria Laach verlassen.

1892 boten die Jesuiten den Beuroner Benediktinern die Abtei zur Wiederbesiedlung an, und im selben Jahr zogen die ersten Benediktiner dort ein.

Im Zweiten Weltkrieg wurde Maria Laach als Lazarett genutzt. In der Nachkriegszeit fielen daher große Sanierungsarbeiten an.

DAS SPEZIELLE ANGEBOT

Die Abtei Maria Laach bietet ihren Gästen die Möglichkeit, Stille Tage im Kloster zu verleben, wofür dieses Ambiente besonders geeignet ist. Auf Wunsch sind Einzelgespräche möglich, mitarbeiten kann man im Kloster aber nicht.

Regelmäßig werden für Männer Tage im Kloster angeboten. Während einer Woche hört man dann geistliche Vorträge, unternimmt mit dem kursleitenden Pater Wanderungen in die Umgebung und hat die

KONTAKT
Benediktinerabtei Maria Laach
56653 Maria Laach
Tel.: 02652/59-0
Fax: 02652/59-359
abtei@maria-laach.de
www.maria-laach.de

Möglichkeit zum Besuch der Klosterbetriebe. Jährlich finden auch Exerzitien für Akademiker statt, die organisiert werden vom Katholischen Akademikerverband. Die Exerzitien werden von einem Ordensmitglied geleitet. Im Rahmen der Veranstaltung finden Vorträge und Diskussionsrunden statt.

WIE IST MAN UNTERGEBRACHT

Die Abtei hat im Gastflügel St. Gilbert 32 Einzel- und 5 Doppelzimmer mit einfacher Ausstattung und Etagendusche.
Von manchen Räumen geht der Blick auf den Kirchenvorplatz, in anderen Fällen zum Gästegarten hin.

Täglich gibt es drei Mahlzeiten sowie Kaffee am Nachmittag. Männliche Gäste haben die Möglichkeiten, im Refektorium zusammen mit den Benediktinern zu essen.
Gäste – auch solche, die nur zu einem Kurzbesuch in Maria Laach sind – können an den Gebetszeiten und den Eucharistiefeiern teilnehmen.

ETWAS BESONDERES

In den Bauten, die zum Areal der Abtei gehören, sind ausschließlich klösterliche Betriebe untergebracht. Dazu gehören die Buch- und Kunsthandlung, der Kunstverlag „ars sacra" und die Gärtnerei, die für die Qualität ihrer Pflanzen im ganzen Umland bekannt ist. Landwirtschaft und Seehotel haben die Mönche inzwischen verpachtet. In den Kunstwerkstätten „ars liturgica" entstehen Arbeiten aus Naturstein, Schmiedeeisen, Bronze und Kupfer, die man auch vor Ort erwerben kann.
In einem Barockgebäude hinter der Gärtnerei arbeitet ein Künstler quasi im Verborgenen: der fast 85jährige Bruder Lukas Rügenberg. Er hat an der Kunstakademie Berlin unter anderem bei Karl Schmidt-Rottluff studiert, dem Mitbegründer der Künstlervereinigung „Die Brücke". Bei Bruder Lukas sieht es aus wie in einem expressionistischen Museum, nur dass die Bilder hier hintereinander gestapelt sind. Wenn der Ordensmann im Berliner Jargon über seine Malerei erzählt, kann man stundenlang zuhören. Bruder Lukas hat rund 20 Kinderbücher illustriert, auch viele Geschichten in diesen Büchern stammen von ihm.
Neben seinen Bildern schafft er auch Kunstwerke aus anderen Werkstoffen, beispielsweise Keramik. Manche sind im Seehotel zu sehen.
Ein weiteres kulturelles Highlight gibt es in Maria Laach: In der sehenswerten Abteikirche finden regelmäßig Konzerte statt.

Benediktiner

Abtei zum Heiligen Kreuz Scheyern

WO LIEGT DAS KLOSTER

Die Abtei Scheyern liegt bei Pfaffenhofen/ Ilm am südwestlichen Ausläufer der Hallertau, dem bekannten bayerischen Hopfenanbaugebiet. Nach München, Ingolstadt und Augsburg sind es jeweils rund 50 Kilometer. Hier befindet man sich im Stammland der Wittelsbacher. Die Klosteranlage ist auf dem Areal der ehemaligen Stammburg der Grafen von Scheyern, Vorfahren der Wittelsbacher, errichtet. Scheyern ist mit seiner Heilig-Kreuz-Wallfahrt einer der ältesten Wallfahrtsorte Deutschlands. In der Heilig-Kreuz-Kapelle der Basilika befindet sich ein Doppelkreuz, das Späne vom Kreuz Christi enthält. Es ist seit etwa 1180 im Besitz der Abtei. Schon von weitem ist die Klosteranlage sichtbar. Gleich nebenan sind die romantischen Fischweiher der Mönche. Ringsum erstrecken sich Felder und Wiesen. Ein kleines Dorf hat sich im Laufe der Jahrhunderte rund ums Kloster entwickelt, ansonsten lebt man hier recht abgeschieden und kann die Natur per pedes – zum Beispiel durch den Klosterforst – oder mit dem Rad erkunden. Die Klosteranlage betritt man durch einen barocken Durchgang und befindet sich in einem weitläufigen, begrünten Innenhof. In einem Trakt des Klosters ist eine Berufsoberschule mit angeschlossenem Wohnheim untergebracht. Gleich neben der Klosterpforte befindet sich der Klosterladen, und für das leibliche Wohl sorgt die Klosterschenke.

EIN BLICK IN DIE GESCHICHTE

Als Stifterin des Klosters gilt die dem Geschlecht der Grafen von Scheyern entstammende Haziga. 1076 überließ sie zwei Eremiten ein Waldstück bei Bayrischzell zur Gründung einer Einsiedelei. 1080 kamen aus dem Benediktinerkloster Hirsau im Schwarzwald zwölf weitere Mönche hinzu. 1087 siedelte der Konvent ins günstiger gelegene Fischbachau über, 1104 zog er nach Petersburg bei Dachau um. Erst 1119/1120 fanden die Ordensleute dann in Scheyern ihre endgültige Bleibe.

Bis zur Säkularisation blieben die Benediktiner in Scheyern, 1803 mussten sie das Kloster verlassen. Auf Initiative Ludwigs I. kam es 1838 zu einer Wiederbesiedlung von Scheyern durch Benediktiner der Abtei Metten an der Donau. Im Laufe der Jahrzehnte erstarkte das Kloster, die Abteien Ettal und Plankstetten wurden durch Mönche aus Scheyern neu besiedelt.

ANREISE

Mit der Bahn:
Bahnhof Pfaffenhofen/Ilm. Von dort mit dem Bus zum Kloster oder Abholung durch das Kloster nach vorheriger Vereinbarung.

Mit dem Auto:
Auf der A 9 von Nürnberg Ausfahrt Pfaffenhofen nehmen. Richtung Pfaffenhofen. Nach der Bahnunterführung an der Ampel links. Danach an der 2. Ampel rechts Richtung Niederscheyern. Nach Ortsdurchfahrt Niederscheyern an der Ampel links nach Mitterscheyern. Von dort nach Scheyern.

Auf der A 9 von München Ausfahrt Allershausen. Links nach Hohenkammer. Im Ort rechts auf die B 13 Richtung Paffenhofen/ Ingolstadt. Weiter auf der B 13 bis Abzweigung Ilmmünster. Auf der Hauptstraße durch Ilmmünster und weiter bis Scheyern.

DAS SPEZIELLE ANGEBOT

Für Männer besteht in Scheyern die Möglichkeit, sich für einige Tage der Stille ins Kloster zurückzuziehen. Dabei folgen sie dem Beispiel eines prominenten Gastes:

Papst Benedikt XVI. verbrachte in seiner Zeit als Erzbischof von München und Freising und als Kurienkardinal fast jedes Jahr einige Tage der Erholung und Besinnung in Scheyern. Gäste des Klosters leben auf einem eigenen Gang im Konvent, essen mit den Mönchen im Refektorium und nehmen an deren Gebetszeiten teil. Die Gastaufenthalte sind rund ums Jahr möglich. Zum Jahreswechsel wird ein dreitägiger Kurs angeboten – hier geht es darum, innezuhalten, zurückzublikken auf das alte Jahr und nach vorne zu schauen ins neue.

WEITERE ANGEBOTE FÜR GÄSTE

Sonn- und feiertags finden in Scheyern um 15 Uhr Führungen durch Basilika, Kreuzgang, Sakristei, Königskapelle und Kapitelkirche statt. Gruppen können diese Führungen auch zu anderen Terminen buchen, ebenso wie Exkursionen zum Klostergut Prielhof, auf dem ökologischer Landbau betrieben wird.

Wenn man mitten im Hopfenland lebt, verwundert es nicht, dass die Abtei auch eine Klosterbrauerei besitzt, in der seit März 2006 wieder Bier gebraut wird. Auch hier sind Besichtigungen nach Voranmeldung möglich.

WIE IST MAN UNTERGEBRACHT

Die Tagungsräume des Klosters können für kleinere Gruppen gebucht werden, die ihre eigenen Veranstaltungen organisieren. Für diese gibt es 6 Einzel- und 6 Doppelzimmer mit Dusche /WC. Von diesen Räumen hat man Ausblick in den Innenhof des Klosters oder in den Klostergarten.

Für Schüler oder Studenten bieten die Benediktiner Au-pair-Aufenthalte an. Sie arbeiten im Kloster mit und haben damit freie Kost und Logis.

Zu den Gebetszeiten in der Kapitelkirche sind alle Besucher eingeladen, auch solche, die nicht im Kloster wohnen. Laudes und Vesper werden aus dem „Scheyerer Psalter" in deutscher Sprache nach Gregorianischen Melodien gesungen.

ETWAS BESONDERES

2003 wurde eine Tradition in Scheyern wiederbelebt, die 200 Jahre nicht ausgeübt worden war: der Heilig-Kreuz-Ritt an Christi Himmelfahrt. Eine Prozession mit Reitern, Kutschen und Pferdewagen führt vom Prielhof durch die Felder hinauf zum Klosterhof. Damit wird Gottes Segen für Felder, Fluren, Roß und Reiter erbeten.

Dieses Schauspiel zieht Besucher von weither an.

„Kunst im Gut" nennen sich regelmäßig stattfindende Künstlermärkte auf dem Klostergut. Am 1. Adventssonntag ist der Scheyerer Christkindlmarkt im Klosterhof.

Die Abtei verfügt über eine der bedeutendsten Privatbibliotheken Bayerns. Rund 150.000 Bände umfasst sie. Die wertvollsten stehen im prachtvollen barocken Bibliothekssaal, der sich innerhalb der Klausur befindet. Da ist es fast logisch, dass das Kloster auch über eine eigene Buchrestaurierungswerkstätte mit Buchbinderei verfügt.

In der Barockbasilika finden regelmäßig Konzerte statt.

KONTAKT

Benediktinerabtei zum Hl. Kreuz

Schyrenplatz 1
85298 Scheyern
Tel.: 08441/752-230
Fax: 08441/752-210
info@kloster-scheyern.de
www.kloster-scheyern.de

Benediktinerinnen Abtei St.Hildegard in Rüdesheim

ANREISE

Mit der Bahn:
Bahnhof Rüdesheim/Rhein. Von dort geht es mit dem Taxi zur Abtei. Wer möchte, kann auch den etwa 20minütigen, steilen Fußweg nehmen.

Mit dem Auto:
Von Norden kommend A 3 Richtung Frankfurt. Am Wiesbadener Kreuz die A 66 Richtung Wiesbaden, dann auf die B 42 Richtung Rüdesheim. Am Ortseingang rechts der Ausschilderung zur Abtei folgen.

Von Süden kommend A 61 bis Autobahnkreuz Bingen. Dann Richtung Bingen-Innenstadt und mit der Fähre über den Rhein nach Rüdesheim. Ab der Ortsmitte der Beschilderung zur Abtei folgen.

WO LIEGT DAS KLOSTER

Die Abtei St. Hildegard hat eine traumhafte Lage am Hang oberhalb von Rüdesheim am Rhein inmitten von Weinbergen. In dieser Position ist sie weithin sichtbar. Selbst vom linksrheinischen Benediktinerkloster Jakobsberg bei Bingen kann man die auf der gegenüberliegenden Rheinseite liegende Abtei sehen.

Zum großen Klosterladen gehören eine Buch- und Kunsthandlung. Hier werden auch Kunstwerke aus der Goldschmiede von Schwester Judith verkauft sowie Keramiken aus dem Atelier von Schwester Christophora. Außerdem kann man dort die hauseigenen Dinkelprodukte sowie den Klosterlikör und den Klosterbitter erwerben. Bekannt sind auch die klostereigenen Weine. Die Abtei St. Hildegard ist das einzige Kloster in Deutschland, das noch selbst Weine produziert. Wenn man Schwester Thekla im Laden trifft, die Leiterin des Klosterweinguts, kann man die Klosterweine in der Vionothek, die zum Klosterladen gehört, gerne verkosten.

Die Umgebung der Abtei St. Hildegard bietet herrliche Wandermöglichkeiten durch die Weinberge. Radtourenliebhaber können die Route entlang des Rheins wählen. Und die vielen historischen Ortschaften am Rheinufer sowie die Schlösser und Burgen im Mittelrheintal bieten eine reiche Palette an Ausflugsmöglichkeiten.

EIN BLICK IN DIE GESCHICHTE

Die Abtei ist vor allem so bekannt wegen ihrer berühmten Klostergründerin Hildegard von Bingen (1098–1179). Diese gründete zuerst das Kloster Rupertsberg bei Bingen. Der Konvent wuchs rasch an, so dass Hildegard 1165 auf der gegenüberliegenden Rheinseite das ehemalige Augustinerkloster Eibingen bei Rüdesheim erwarb. Dort siedelte sie 30 Mitschwestern an und pendelte – ganz Managerin im heutigen Sinn – zwischen den beiden Klöstern hin und her. Zweimal pro Woche überquerte sie den Rhein und besuchte vom Kloster Rupertsberg aus die neue Klostergemeinschaft in Eibingen.

Bis 1575 blieb das Kloster Eibingen von Benediktinerinnen bewohnt. Im Laufe der Zeit traten auf Grund von politischen Spannungen immer weniger Schwestern in das Kloster ein. Schließlich lebten nur noch drei Ordensfrauen dort,

die 1575 auf Anweisung des Erzbischofs von Homburg in eine nahegelegene Zisterzienserinnenabtei umgesiedelt wurden. Als das Kloster Rupertsberg 1632 im Dreißigjährigen Krieg zerstört wurde, kamen die Benediktinerinnen nach Eibingen zurück. Es folgten Zeiten wirtschaftlicher Blüte und großer Bauvorhaben. Im Rahmen der Säkularisation wurde aber das Kloster 1802 aufgehoben. Im Laufe der folgenden Jahrzehnte verfielen die Gebäude oder wurden zerstört. Nur Teile der Kirche blieben erhalten. Sie ist heute die Pfarr- und Wallfahrtskirche von Eibingen, jetzt ein Ortsteil von Rüdesheim, und beherbergt die Reliquien der Hildegard von Bingen. 1900 wurde der Grundstein gelegt zur Wiedererrichtung der Abtei St. Hildegard

oberhalb des alten Klosterkomplexes. 1904 zogen 14 Benediktinerinnen aus der Abtei St. Gabriel in Prag als Gründungsgruppe dort ein. Heute leben mehr als 50 Schwestern im Klosterkomplex.

DAS SPEZIELLE ANGEBOT

Gäste sind in der Abtei St. Hildegard immer willkommen. Das Gästehaus ist ein Ort der Begegnung für Menschen, die sich zurückziehen möchten in einen Raum der Stille, die in Distanz zum eigenen Lebensumfeld

einen Ort der Sammlung und des Gebetes suchen und neue Kraft und Orientierung aus dem Glauben schöpfen möchten. Wer ins Koster kommt, kann sich für drei bis 14 Tage dem klösterlichen Lebensrhythmus anschließen oder an den Seminar- und Kursangeboten im Gästehaus teilnehmen. Da die Aufenthalte im Kloster sehr gefragt sind, empfiehlt sich eine frühzeitige Anmeldung.

KONTAKT

Abtei St. Hildegard
65385 Rüdesheim/Rhein
Tel.: 06722/499-122
Fax: 06722/499-178
gaeste@abtei-st-hildegard.de
www.abtei-st-hildegard.de

WEITERE ANGEBOTE FÜR GÄSTE

St. Hildegard hat ein eigenes Seminarprogramm mit vielfältigem Kursangebot für Gäste, bietet darüber hinaus für Gruppen nach vorheriger Anmeldung Vorträge an über benediktinisches Leben, über die Klostergeschichte, über geistliche Themen. Natürlich auch über die Klostergründerin selbst, denn die Erinnerung an Hildegard von Bingen zieht viele Besucher an.

ETWAS BESONDERES

Die Ordensfrauen von St. Hildegard produzieren eigenen Wein. Diese Tradition geht bereits auf ihre Klostergründerin zurück. Viele Klöster im Rheingau lebten damals vom Weinanbau.
Heute bewirtschaften die Nonnen 7 Hektar Rebfläche, auf der zu 83 Prozent Riesling angebaut ist. Die restlichen Flächen sind mit Spätburgunder bepflanzt.

WIE IST MAN UNTERGEBRACHT

Das Gästehaus der Abtei St. Hildegard wurde 2008 neu eröffnet und hat 17 Zimmer mit Dusche/WC. Es verbindet stilvollen Komfort mit klösterlicher Schlichtheit und bietet den Gästen neben den Zimmern einen Meditationsraum, zwei Seminarräume, eine Gästebibliothek und eine Teeküche. Ein herrlicher Gästegarten lädt zum Entspannen und Verweilen ein.
Die Gäste können an den Gebetszeiten der Benediktinerinnen teilnehmen, essen aber in einem eigenen Gästerefektorium. Täglich gibt es drei Mahlzeiten sowie Kaffee und Tee am Nachmittag.

Schwester Thekla ist die Chefin des Klosterweinguts. Sie hat eine zweijährige Winzerausbildung absolviert.
Gäste können im Herbst nach vorheriger Anfrage bei der Traubenlese helfen (klosterweingut@abtei-st-hildegard.de). Deshalb ist ein Klosteraufenthalt im Herbst bei vielen Gästen besonders gefragt.

Benediktiner

Abtei St. Mauritius in Tholey

WO LIEGT DAS KLOSTER

Die Benediktinerabtei Tholey liegt im Saarland, mitten im Naturpark Saar-Hunsrück. Rings um das Dorf Tholey erstrecken sich weite Waldgebiete, die zum Wandern einladen.

Ein Spaziergang zum nahegelegenen Schaumberg lohnt sich. Von dort aus hat man einen weiten Rundblick bis zum Hunsrück und nach Lothringen. Saarbrücken und die Römerstadt Trier sind jeweils nur eine knappe halbe Autostunde entfernt. Und wer einen Ausflug ins benachbarte Frankreich machen möchte, erreicht nach rund 40 Kilometern die Grenze. Nach Luxemburg sind es etwa 70 Kilometer. In der Nähe des Klosters gibt es ein Panoramabad. Der Reiz eines Besuchs der Abtei Tholey liegt aber vor allem in der Abgeschiedenheit der Gegend und der damit verbundenen Ruhe.

EIN BLICK IN DIE GESCHICHTE

In Tholey lebten bereits im 6. Jahrhundert Mönche oder Kleriker nach der iroschottischen Klosterregel. 634 wird der Ort erstmals im Testament des fränkischen Diakons Adalgisel-Grimo urkundlich erwähnt. Im 9. Jahrhundert zogen Benediktiner im Zuge der karolingischen Klosterreform in Tholey ein.

Zwischen 1264 und 1302 entstand die frühgotische Kirche unter Einbeziehung von Teilen eines früher an dieser Stelle existierenden romanischen Baus.

1794 zerstörten französische Revolutionstruppen die Abtei, das Kloster wurde aufgehoben.

Auf Initiative von Papst Pius XII. wurde die Abtei 1949 wiederrichtet, und Benediktinermönche von St. Matthias in Trier zogen in Tholey ein.

ANREISE

Mit der Bahn:
Bahnhof St. Wendel. Von dort Abholung durch das Kloster nach vorheriger Vereinbarung.

Mit dem Auto:
Auf der A1 Trier-Saarbrücken die Ausfahrt Tholey nehmen.

„Einander in Liebe dienen"
(aus der Benediktusregel)

DAS SPEZIELLE ANGEBOT
Männliche Einzelgäste können im Kloster mit den Mönchen zusammenleben und an deren Tagesablauf teilhaben. Sie leben mit in der Klausur und essen zusammen mit den Mönchen im Refektorium. Dadurch

In der Abgeschiedenheit dieses geschichtsträchtigen Orts kann man Stille Tage verbringen und zu sich selbst finden. Im Gästehaus des Klosters „St. Lioba"

haben die Gäste einen engen Kontakt zur Ordensgemeinschaft. Die Benediktiner widmen sich diesen Gästen ganz besonders. Sie bieten auf Wunsch Gesprächsbegleitung an. Mitarbeit ist nach Absprache im Garten oder in der Bibliothek möglich.

können auch weibliche Gäste und Gruppen wohnen. Auch für sie gibt es die Möglichkeit der geistlichen Begleitung durch die Benediktiner.

WIE IST MAN UNTERGEBRACHT

In der Abtei gibt es 5 Einzelzimmer mit
Etagendusche. Im Gästehaus stehen
5 Einzel- und 9 Doppelzimmer mit
Dusche/WC und TV zur Verfügung sowie
1 Dreibettzimmer mit Etagendusche.
Im Gästehaus ist Voll- und Halbpension
möglich. Als Gast im Konvent erhält man
täglich drei Mahlzeiten sowie Kaffee am
Nachmittag.

ETWAS BESONDERES

Direkt am Kloster gibt es ein Museum zur
Geschichte der Abtei mit sehr vielen interes-
santen Exponaten.

KONTAKT

Benediktinerabtei
St. Mauritius

66636 Tholey
Tel.: 06853/9104-0
Fax: 06853/922670
abteitholey@t-online.
de

www.abtei-tholey.de

Alle Gäste können am Chorgebet und
den Gottesdiensten teilnehmen. Der
Klostergarten ist ebenfalls für alle Gäste
offen.

Abtei St. Walburg in Eichstätt

Benediktinerinnen

WO LIEGT DAS KLOSTER

ANREISE

Mit der Bahn: Hauptbahnhof Eichstätt. Von dort mit einem Schienenbus zum Eichstätter Stadtbahnhof. Von dort führt ein Fußweg in 10 Minuten zum Kloster. Alternativ kann man auch ein Taxi nehmen.

Am Nordrand von Eichstätt im Altmühltal gelegen, sticht die Klosteranlage schon von weitem ins Auge. Sie liegt an einem Hang oberhalb der Stadt, gegenüber der Willibaldsburg. Der imposante Baukomplex mit Klosterkirche und dem sogenannten Marienhaus, der ehemaligen Wohnung des Klosterrichters, prägt das Bild des barocken Eichstätt wesentlich mit.

An der Klosterpforte gibt es einen kleinen Klosterladen mit Devotionalien, Büchern zum Leben der hl. Walburga und Paramentenstickereien, die im Kloster selbst angefertigt werden. Außerdem gibt es den Eichstätter Klosterlikör, Edelbachgeist sowie Schmuckkerzen, die im Kloster hergestellt werden.

Sicherlich gehört die Besichtigung der Stadt zum Programm eines jeden Klostergastes. Das Altmühltal bietet aber darüber hinaus reizvolle Wanderwege durch Mischwälder und Wacholderheiden und ein ausgedehntes Netz an Fahrradrouten. Zu einer gemütlichen Paddeltour lädt die Altmühl ein.

Mit dem Auto: A 9 Nürnberg-München, Abfahrten Altmühltal/Eichstätt beziehungsweise Ingolstadt/Eichstätt. Auf der B 13 der Beschilderung bis Eichstätt folgen.

EIN BLICK IN DIE GESCHICHTE

1035 ist urkundlich als Gründungsjahr der Abtei St. Walburg belegt. Ihre Namensgeberin Walburga wurde 710 in Wessex/Südengland geboren und entstammte einem Adelsgeschlecht. Mitte des 8. Jahrhunderts folgte sie dem Beispiel ihrer beiden Brüder Wunibald und Willibald, dem ersten Bischof von Eichstätt, und verließ England, um als Missionarin in süddeutschen Raum tätig zu werden. Nach dem Tod ihres Bruders Wunibald übernahm sie als Äbtissin die Leitung des Klosters Heidenheim (am Hahnenkamm) und starb dort 779.

Zwischen 870 und 879 wurden ihre Gebeine von Heidenheim nach Eichstätt gebracht und dort in einer kleinen Kirche, an deren Stelle heute das Kloster St. Walburg steht, begraben. An ihrem Grab siedelte sich eine Gruppe von Kanonissen an. Mitglieder dieser Ordensgemeinschaft lebten dort bis zur ersten Hälfte des 11. Jahrhunderts. Durch eine großzügige Schenkung wandelte der Domherr Graf Leodegar von Lechsgemünd und Graisbach 1035 das verarmte Kanonissenstift in ein Benediktinerinnenkloster um und stattete es mit verschiedenen Ländereien aus. Von diesem Zeitpunkt an wurde St. Walburg dauerhaft von Benediktinerinnen bewohnt.

DAS SPEZIELLE ANGEBOT

Die Ordensfrauen im Kloster St. Walburg
bieten ihren Gästen bewusst kein Kurs- oder
Seminarprogramm an. Für sie ist es wichtig,
einen möglichst authentischen Eindruck
monastischen Lebens zu vermitteln. In
Form von Stillen Tagen können Gäste am
Klosterleben teilnehmen.
Wenn begleitende geistliche Gespräche
gewünscht sind, kann dies individuell
vereinbart werden.

WEITERE ANGEBOTE FÜR GÄSTE

Zwischen dem 1. April und dem
1. November nehmen die Ordensfrauen
für jeweils ein bis zwei Wochen Frauen als

Au-pair-Gäste auf, die in Einzelzimmern
mit Etagendusche untergebracht sind. Sie
nehmen an den Gebetszeiten teil und helfen täglich drei bis vier Stunden im Kloster
mit. Dadurch verringert sich der Preis für
Übernachtung und Vollverpflegung auf einen
symbolischen Betrag.

KONTAKT

Abtei St. Walburg
Walburgiberg 6
85072 Eichstätt
Tel.: 08421/9887-0
Fax: 08421/9887-40
kloster.st.walburg@bistum-
eichstaett.de
www.bistum-eichstaett.de/
abtei-st-walburg

WIE IST MAN UNTERGEBRACHT

Das Gästehaus mit barocker Fassade wurde Ende der 1990er Jahre restauriert. Die stilvollen Gästezimmer sind zum Teil mit antiken Möbeln eingerichtet. 6 Einzel- und 13 Doppelzimmer mit Dusche und WC stehen den Gästen zur Verfügung. Die Gäste können auch das wunderschöne Barockgärtchen nutzen.

Der Blick von einigen Zimmern in den

ETWAS BESONDERES

Die in der Klosterkirche befindliche Walburgagruft wurde nach der Entdeckung des sogenannten Walburgisöls errichtet. Als 893 das Grab der hl. Walburga im Boden der Kirche geöffnet wurde, waren die Gebeine mit wasserklaren Tropfen betaut.

oberen Etagen geht weit hinüber bis zur Willibaldsburg.

Die Gäste können im Haus frühstücken, aber keine weiteren Mahlzeiten einnehmen. Weibliche Gäste können nach Vereinbarung am Chorgebet und der Eucharistiefeier teilnehmen.

Diese Flüssigkeit zeigt sich noch heute zwischen etwa Mitte Oktober, der Zeit, in der die Reliquien nach Eichstätt gebracht wurden, und Ende Februar, dem Todestag der Heiligen. Ihr wird heilende Wirkung zugeschrieben. Die Gruft wird deshalb auch von Pilgern aus der ganzen Welt besucht.

Die zweigeschossige Gruft, eine sogenannte Confessio-Anlage, ist nördlich der Alpen einzigartig. Sie ermöglicht das Auffangen der Tautropfen in den Wintermonaten. Die Flüssigkeit wird in kleine Fläschchen abgefüllt und an Pilger weitergegeben.

Zisterzienserinnen Abtei Waldsassen

WO LIEGT DAS KLOSTER

In der nördlichen Oberpfalz, im Landkreis Tirschenreuth, liegt das bedeutende Barockkloster malerisch am Ufer des Flüßchens Wondreb. Das weitläufige Klosterareal befindet sich am östlichen Rand der Stadt, mit der die Abtei enge partnerschaftliche Verbindungen – beispielsweise in den Bereichen Pfarrei, Bildung und Erziehung – pflegt.

Gleich bei der Abtei beginnt der Wald, wenige Minuten entfernt erstrecken sich Felder und Seen. Waldsassen gilt als Perle des Stiftlands, dem Gebiet der Quellen und Seen.

Bis zur Grenze nach Böhmen in der heutigen Tschechischen Republik sind es nur rund sechs Kilometer.

Die Umgebung lädt zu weiten Wanderungen und Radtouren ein.

Beim Kloster befindet sich ein Naturerlebnispark.

EIN BLICK IN DIE GESCHICHTE

Waldsassen wurde 1133 als Männerkloster gegründet. Es war damals eine der frühesten deutschen Zisterziensergründungen. Das Kloster erlebte einen raschen Aufschwung. 1147 wurde es reichsunmittelbares Stift, das heißt frei von fremder Gerichtsbarkeit und ausgestattet mit der Möglichkeit der freien Wahl eines Schutzherrn neben dem deutschen König.

Ende des 12. Jahrhunderts verfügte das Kloster über einen Grundbesitz von 60 Quadratkilometern, der weit bis nach Böhmen hineinreichte.

1430 und 1433 überfielen Hussiten das Kloster und plünderten es. Im Landshuter Erbfolgekrieg zwischen 1503 und 1505 wurde es erneut geplündert und niedergebrannt. Ein Wiederaufbau begann 1517. Aber bereits 1556 wurde das Kloster als Folge der Reformation aufgelöst.

Im Rahmen des Dreißigjährigen Kriegs fiel die Oberpfalz an Bayern, eine Rekatholisierung begann. Mit drei Zisterziensermönchen aus dem Kloster Fürstenfeld (Fürstenfeldbruck) wurde Waldsassen 1661 wiederbesiedelt.

ANREISE

Mit der Bahn:

Bahnhöfe Wiesau oder Marktredwitz. Von dort Abholung durch das Kloster nach vorheriger Vereinbarung oder Anrufbus unter Tel.: 09638/91110

Mit dem Auto:

Auf der A 9 Richtung München-Berlin Ausfahrt Bad Berneck nehmen. Dann über Marktredwitz und Konnersreuth nach Waldsassen.

Nach dem Abbruch des alten Klosters begann man 1685 mit dem Bau des noch heute existierenden barocken Klosterneubaus mit Kreuzgang. Im selben Jahr war auch die Grundsteinlegung für die berühmte Barockkirche. Baumeister waren Georg Dientzenhofer und Abraham Leuthner. 1726 wurde die weltberühmte Bibliothek vollendet.

Die Säkularisation führte 1803 erneut zur Aufhebung der Abtei, die Gebäude wurden in eine Kattunfabrik umfunktioniert. Erst

1863 erfolgte eine zweite Wiederbesiedlung, dieses Mal durch Zisterzienserinnen des Klosters Seligenthal. 1925 wurde Waldsassen zur Abtei erhoben.
Wegen ihrer Nähe zum „Eisernen Vorhang" in der 2. Hälfte des 20. Jahrhunderts hatten die Ordensfrauen viele Jahre Nachwuchsprobleme. Inzwischen ist der Konvent aber wieder gewachsen.

DAS SPEZIELLE ANGEBOT

Die Zisterzienserinnen von Waldsassen bieten ihren Gästen die Möglichkeit an, „Stille Tage im Kloster" zu verbringen. Der Konvent ist etwas Besonderes, da er zur Hälfte aus jungen Ordensfrauen besteht.
Man wohnt im renovierten Gästehaus St. Joseph, in den ältesten Gebäudeteilen der Abtei.

WEITERE ANGEBOTE FÜR GÄSTE

Im unter Denkmalschutz stehenden ehemaligen Wirtschaftsgebäude des Klosters ist ein Gästehaus St. Joseph mit zisterziensischer Gastfreundschaft entstanden. Die Äbtissin und ausgebildete Schwestern bieten verschiedene Kurse an, darunter „Ruhegebet" und „Bibelarbeit". Gestaltete Hildegardfrühstücke, aktive Wohlfühltage oder Hochzeiten „all inclusive" können interessierte Gäste buchen. Neue multifunktionale Räumlichkeiten bilden die Ergänzung zur bestehenden repräsentativen Tagungs- und Seminarinfrastruktur im Kloster. Sie finden ideale Voraussetzungen zur Durchführung von Veranstaltungen, Seminaren und Tagungen verschiedenster Art.

WIE IST MAN UNTERGEBRACHT

Die Zisterzienserinnen stellen für ihre Gäste 15 Einzel-, 9 Doppelzimmer und 4 Maisonetten mit Dusche/WC in schlichter Noblesse zur Verfügung. Sowohl Voll- als auch Halbpension sowie eine einfache Verpflegungspauschale „Essen wie die Schwestern" sind möglich. Man kann als Gast am Chorgebet und den Eucharistiefeiern der Schwestern teilnehmen. „Ora-et-labora-Tage" sind im Kloster nach Absprache möglich.

ETWAS BESONDERES

Die weltberühmte Stiftsbibliothek der Abtei Waldsassen zieht jährlich Zehntausende von Besuchern an und ist ein kulturelles Highlight in der Oberpfalz. Ihre Ausstattung mit Holzfiguren, Porträtbüsten,

Deckengemälden und Stuckreliefs ist in künstlerischer und thematischer Hinsicht einmalig und stark zisterziensich geprägt. Ein Besuch ist also ein „Must", wenn man in dieser Gegend ist.

Im schönen, neuen Klosterlädele „Maria Laetitia" findet man ein breitgefächertes Angebot verschiedener Klosterprodukte und die Eigenproduktpalette der Zisterzienserinnen von Waldsassen. Angefangen von dem hauseigenen Kräuterlikör „Drachengold" bis hin zu den legendären „Zwiebelzuckerln". Neben den speziellen losen Kräuter- und Früchteteemischungen mit eigener Geschichte bieten die Schwestern immer wieder Neuerungen für Leib, Geist und Seele.

KONTAKT

Abtei Waldsassen
Basilikaplatz 2
95652 Waldsassen
Tel.: 09632/923880
Fax: 09632/9238850
aebtissin_laetitia@abtei-waldsassen.de
klosterladen@abtei-waldsassen.de
www.abtei-waldsassen.de
www.haus-sankt-joseph.de
www.viaporta.de

Seele

Kloster Arenberg Dominikanerinnen

WO LIEGT DAS KLOSTER

Das Mutterhaus der Dominikanerinnen liegt oberhalb von Koblenz in Nachbarschaft zur Festung Ehrenbreitstein.

Von hier hat man eine herrliche Aussicht über das Rheintal. Bei klarem Wetter geht der Blick bis zu den Hügeln der Vulkaneifel. Das Kloster ist umgeben von einem 50.000 Quadratmeter großen Park, in dem sich Spazierwege, ein Pavillon zum Ausruhen, eine Mariengrotte und ein Kräutergarten befinden.

ANREISE

Mit der Bahn:
Bis Koblenz Hauptbahnhof. Von dort mit der Buslinie 9 Richtung Arenberg/Immendorf bis zur Haltestelle „Ringstraße" oder der Buslinie 460 Richtung Montabaur bis Haltestelle „Koblenz-Arenberg/ Kloster". Dann fünf Minuten Fußweg zum Kloster.

Mit dem Auto:
Von Köln oder Trier über die A 61. Am Kreuz Koblenz auf die A 48 Richtung Koblenz Nord, über den Rhein und gleich danach Abfahrt Bendorf/Neuwied/Vallendar B 42. Nach Vallendar, durch den Ort durchfahren und im nächsten Kreisel Richtung Koblenz-Arenberg. Vorfahrtsstraße bis zum nächsten Kreisel folgen, dann Richtung Arenberg/Immendorf. Nach ca. 600 m rechts abbiegen und der Beschilderung zum Kloster folgen.

Von Frankfurt/Main kommend auf der A 3 Richtung Köln Abfahrt Montabaur/Koblenz nehmen. Rechts ab auf der B 255 Richtung Koblenz. Ortschaft Neuhäusel durchfahren. Etwa 2,5 km nach Ortsdurchfahrt rechts abbiegen Richtung Koblenz-Arenberg/ Immendorf. Weiter der L 127 etwa 2,7 km folgen, bis links die Ortschaft Arenberg erscheint. Nicht abbiegen, sondern geradeaus weiter und nach etwa 800 m der Ausschilderung zum Kloster folgen.

Die Umgebung bietet viele Wander- und Ausflugsmöglichkeiten. Man kann Koblenz besichtigen, mit dem Schiff rheinabwärts Richtung Mainz fahren und das zum Weltkulturerbe ernannte Mittelrheintal bewundern oder die zahlreichen Burgen entlang des Rheins besichtigen. Die Lage des Klosters bietet also sowohl Möglichkeiten für den Ruhesuchenden als auch für solche Gäste, die etwas unternehmen möchten.

EIN BLICK IN DIE GESCHICHTE

Arenberg ist auch als Wallfahrtsstätte bekannt. In der Mitte des 19. Jahrhunderts schuf der örtliche Pfarrer Johann Baptist Kraus einen künstlichen Naturpark, in dem er im Laufe der Jahre mehr als 60 kleine Kapellen, Grotten und Bildstöcke errichten ließ, die noch heute existieren. 1860 erfolgte auf seine Initiative hin die Grundsteinlegung für die beeindruckende neoromanische Wallfahrtskirche, die den Ortskern von Arenberg noch heute dominiert.

1868 ließen sich auf dem Arenberg Dominikanerinnen nieder, die auf Bitten von Pfarrer Kraus aus der Schweiz gekommen waren. Sie bezogen das bereits 1864 erbaute kleine Kloster und kümmerten sich um Kinder und Jugendliche sowie alte, hilfsbedürftige Menschen. Während des Zweiten Weltkriegs musste das Kloster zwangsweise geschlossen und zum Lazarett umfunktioniert werden. Nach dem Krieg war das Gebäude vorübergehend Altenheim. Anfang der 1950er Jahre entstand bei den Dominikanerinnen die Idee, die vorhandenen Gebäude zu sanieren und in ein Kneipp-Sanatorium umzuwandeln. Im Jahr 1954 wurde das Sanatorium mit damals rund 90 Betten eröffnet und bis zum Jahr 2000 von den Dominikanerinnen betrieben. Die Einrichtungen waren zu diesem Zeitpunkt bereits veraltet. So stand schließlich die Entscheidung an, das Haus entweder ganz zu schließen oder nach einem neuen Nutzungskonzept völlig umzubauen. Die Schwestern entschieden sich für die zweite Möglichkeit und eröffneten im Sommer 2003 ein neues Gästehaus mit Vital-Zentrum. In einem eigenen Trakt stehen den Gästen Fitnessraum, Schwimmbad, Sauna und ein physiotherapeutisches Zentrum zur Verfügung. Wellness im Kloster also.

DAS SPEZIELLE ANGEBOT

„Erholen – begegnen – heilen" ist der Leitspruch von Kloster Arenberg. Er beschreibt den ganzheitlichen Ansatz, mit dem man den Gästen hier begegnet: An erster Stelle steht die Erholung von Körper, Geist und Seele. Begegnung mit anderen Menschen wird demjenigen ermöglicht, der sie sucht. Die dritte Komponente ist die Heilung, für die die Schwestern von Arenberg ein vielfältiges Programm entwikkelt haben.

Wellness-Oasen nicht findet. Für diejenigen, die diese Pauschalwochen nicht wahrnehmen können, sind die einzelnen Angebote auch rund ums Jahr im Kloster buchbar.

WEITERE ANGEBOTE FÜR GÄSTE

Das Seminar- und Veranstaltungsprogramm von Kloster Arenberg ist sehr vielseitig. Unter anderem werden meditative Schreibwochenenden angeboten unter dem Motto „Meinem Inneren Sprache geben", darüber hinaus auch Wanderexerzitien und

In den ersten Monaten des Jahres und zum Jahresende hin bietet Kloster Arenberg physikalische Pauschalwochen an, die unter dem Motto „Eingepackt in den Winter" stehen. Im Paket enthalten sind neben den Übernachtungen mit Vollpension unter anderem Crystal-Bad mit Farb-Licht-Magnetfeldtherapie, Brandungsbad mit Multi-Jet-Massage, Luftperlmassagebad, Aromamassage, Fußpflege, Wirbelsäulengymnastik, Körperzonentraining, Infrarotkabine und Solarium. Angelehnt an die Kneipp'sche Lehre besteht der Wellness-Ansatz im Kloster Arenberg aus fünf Komponenten: der Ernährung, der Kräuterei, den Anwendungen im und mit dem Wasser, der Bewegung und der klösterlichen Spiritualität, die man in den üblichen

Meditationskurse, in denen man zu sich selbst finden kann.
Außerdem gibt es Trauerseminare und Ikebanaanleitungen. Und: Filmseminare für Männer und Frauen, in denen Kurzfilme Anregungen zu Gesprächen und zum Nachdenken über die eigene Position im Leben geben sollen.

WIE IST MAN UNTERGEBRACHT

Kloster Arenberg hat 59 Einzel- und
16 Doppelzimmer sowie 4 Zwei-Zimmer-
Apartments. Die modern eingerichteten
Zimmer verfügen alle über Bad/WC sowie
Internetanschluss. Mit etwas Glück kann
man ein Zimmer mit Blick auf den Park
erhalten, aber auch die anderen Räume
haben eine Aussicht in die umliegende
Landschaft. Und den Ausblick von der
Hauskapelle im obersten Stock kann ohne-
hin jeder genießen.

KONTAKT

Kloster Arenberg
Cherubine-Willimann-Weg 1
56077 Koblenz
Tel.: 0261/6401-0
Fax: 0261/6401-3454
info@kloster-arenberg.de
www.kloster-arenberg.de

ETWAS BESONDERES

Unter dem Motto „Musik auf dem Arenberg"
finden in den Räumlichkeiten des Klosters,
der Klosterkirche sowie in der Pfarr- und
Wallfahrtskirche und dem Pfarrheim von
Arenberg regelmäßig Konzerte statt. Die

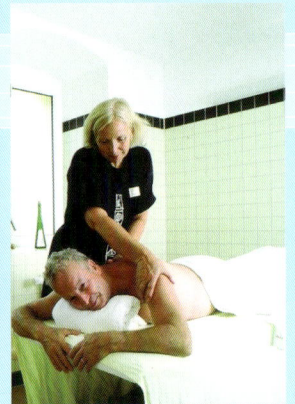

Es werden täglich drei Mahlzeiten am
Buffet angeboten. Hinter dem weitläufigen,
verglasten Eingangsbereich befindet sich
eine Cafeteria mit Terrasse. Hier können
die Hausgäste Getränke sowie Kaffee und
Kuchen erwerben.
Hausgäste und Tagesgäste können an den
Stundengebeten der Schwestern und an den
Eucharistiefeiern teilnehmen.

Palette reicht dabei vom Gospelkonzert über
Chorkonzerte bis zum Liederabend und der
Salonmusik.

„Erholen – begegnen – heilen"
(Leitspruch des Klosters Arenberg)

Missionsbenediktiner Kloster Jakobsberg

EIN BLICK IN DIE GESCHICHTE

1720 begann der damalige Ockenheimer Pfarrer Blasius Cäsar auf dem „Ockenheimer Berg", wie der Jakobsberg damals genannt wurde, mit dem Bau einer den Vierzehn Nothelfern geweihten Kapelle. Gleich daneben wurde ein Häuschen errichtet, in dem ein sogenannter „Kapellenbruder" wohnte. Er sollte die Kapelle beschützen und betreuen.

Seine Wohnstätte wurde im Volksmund „Priesterhaus" genannt, da an den Wallfahrtstagen dort die Geistlichen bewirtet wurden.

Viele Jahrzehnte diente die Kapelle den Gläubigen als Wallfahrtsstätte, bis sie durch ein 1862 eingeweihtes Gotteshaus ersetzt wurde. Lange Zeit trugen sich die Ockenheimer Geistlichen mit dem Gedanken, zur Betreuung des Jakobsbergs Ordensleute zu gewinnen. Aber erst 1921 wurde dieses Vorhaben in die Tat umgesetzt: Zisterzienser aus der Abtei Lilbosch bei Echt in Holland siedelten sich dort an.

WO LIEGT DAS KLOSTER

Kloster Jakobsberg liegt in den Weinbergen oberhalb von Ockenheim bei Bingen. Von dort aus hat man einen herrlichen Blick über das Rheintal hinüber nach Rüdesheim und bis zum Hildegard-Kloster Eibingen. Vom Dorf Ockenheim geht der Weg steil hinauf zum einsam gelegenen Kloster. Sportliche Gäste, die aufs Auto verzichten möchten, können den Fußpfad entlang des alten Kreuzwegs nehmen und immer wieder innehalten, um die herrliche Aussicht zu genießen. Vom Bahnhof in Ockenheim benötigt man für den Aufstieg zum Kloster etwa eine Stunde.

In der Umgebung des Klosters gibt es wunderschöne Wandermöglichkeiten durch die Weinberge, bei denen man immer wieder eine weite Aussicht über das Rheintal genießen kann.

ANREISE

Mit der Bahn:
Über Mainz Hauptbahnhof nach Ockenheim oder Gau-Algesheim. Von dort mit dem Taxi zum Kloster.

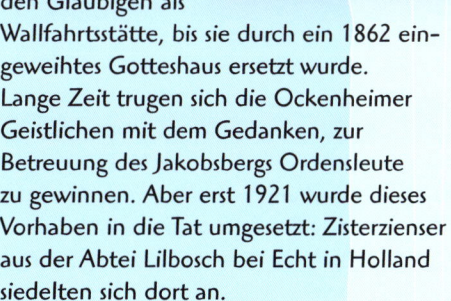

Mit dem Auto:
Von Mainz kommend über die A 60 in Richtung Bingen bis zur Ausfahrt Ingelheim-West. Danach auf der B 41 in Richtung Bad Kreuznach bis Ockenheim. In Ockenheim den Wegweisern zum Jakobsberg folgen.

Von Koblenz kommend über die A 61 Richtung Ludwigshafen bis zum Dreieck Nahetal. Dort auf die A 60 Richtung Mainz bis zur Ausfahrt Bingen-Ost. In den Ort hineinfahren und den Wegweisern bis Ockenheim (Richtung „Globus-Lager") folgen. In Ockenheim Hinweisschild zum Jakobsberg.

Sie betrieben Landwirtschaft und errichteten ein Klostergebäude sowie eine „Pilgerhalle", in der die Wallfahrer und Ausflügler bewirtet wurden. 30 Jahre, nachdem sie auf dem Jakobsberg angekommen waren, verließen die Zisterzienser ihn wieder und kehrten nach Lilbosch zurück.

Zwischen 1950 und 1960 pachteten Jesuiten die Gebäude und widmeten sich vor allem der Jugendarbeit. 1961 schließlich übernahmen die Missionsbenediktiner von der Erzabtei St. Ottilien am oberbayerischen

DAS SPEZIELLE ANGEBOT

Seit vielen Jahren bietet das Kloster Jakobsberg Fastenseminare an. In der Regel finden sie in der Fastenzeit und im Herbst statt und dauern jeweils sieben Tage. In dieser Phase nimmt man keine festen Speisen zu sich, sondern nur Brühen, Kräutertees und Wasser. Die Fastentage dienen der Entschlackung des Körpers, aber auch der Entlastung von Geist und Seele.

Die geistliche Betreuung übernimmt Pater Aurelian Feser, der Prior des Klosters.

Ammersee Kloster und Landwirtschaft. Sie leben noch heute dort, betreiben aber inzwischen keine Landwirtschaft mehr. Das Ökonomiegebäude wurde zum Jugendhaus umgebaut, das im Lauf der Jahrzehnte baufällig gewordene Kloster und die alte Pilgerhalle durch ein neues Klostergebäude mit Kreuzgang ersetzt. 1983 war die Einweihung von neuem Kloster und Gästehaus. 1992 kam ein Tagungshaus hinzu. Die Benediktiner auf dem Jakobsberg widmen sich der Bildungsarbeit mit Jugendlichen und Erwachsenen. Ein Schwerpunkt ihres Seminarprogramms sind ganzheitliche Angebote, die sich auch mit der Pflege des Körpers befassen.

Er bietet Einzelgespräche an, leitet die Meditationen und führt die Gesprächskreise. Geschulte Fachkräfte bieten Entspannungs-, Yoga- und Eutoniestunden, das heißt Leibesübungen, an. Auch ein Arzt aus dem regionalen Umfeld steht bei Bedarf zur Verfügung. Für die Bewegung organisiert Pater Aurelian während der Fastenwoche Wanderungen in der reizvollen Umgebung, Besuche im nahegelegenen, öffentlichen Schwimmbad und in der Sauna und andere körperliche Aktivitäten.

Auch die Kreativität wird gefördert. Hier variieren die Angebote je nach Kurs – von Ikebana über Kränze binden bis zum Malen. Jeder Gast kann an den Gebetsstunden und Eucharistiefeiern der Mönche teilnehmen.

WEITERE ANGEBOTE FÜR GÄSTE

Neben den traditionellen Einkehrtagen für Einzelpersonen und Gruppen im Kloster bietet das Bildungshaus des Klosters Jakobsberg ein vielfältiges Seminarprogramm, das immer wieder durch neue Ideen ergänzt wird.

Es gibt spezielle Eutoniekurse und Meditationswochenenden. Für Gäste, die sich künstlerisch betätigen möchten, gibt es Malkurse und meditativ-kreatives Blumenstecken im Stil des Ikebana.

Eine ganze Reihe von Angeboten sind der Musik gewidmet: beispielsweise Choral-Wochenenden, die sich mit Gregorianischen Gesängen beschäftigen, Gospel-Wochen-enden und Tage des Neuen Geistlichen Lieds.

WIE IST MAN UNTERGEBRACHT

Kloster Jakobsberg verfügt über 19 Einzel- und 18 Doppelzimmer mit Dusche und WC mit zeitgemäßer Ausstattung. Pro Tag werden drei Mahlzeiten sowie am Nachmittag Kaffee und Tee angeboten.

Viele Zimmer bieten einen herrlichen Ausblick in die umliegenden Weinberge oder über das Rheintal.

ETWAS BESONDERES

Zum Kloster gehört traditionell der Weinbau. Genauso wie die Besuche des Mainzer Kirchenoberhaupts Karl Lehmann, der hin und wieder auch im Kloster übernachtet. Als er zum Kardinal ernannt wurde, kreierte man eine Weinsorte mit der Bezeichnung „Unser Kardinal". Flaschen mit

dem edlen Tropfen sind im Klosterladen oder per Versand erhältlich.

Die zum Kloster gehörenden Weinberge sind inzwischen verpachtet. Aber oberhalb des Klostergartens haben die Mönche in Zusammenarbeit mit einem Winzer und der Kommission für das deutsche Weinsiegel eine Weinlaube angelegt, in der rund 170 Reb- und Traubensorten angepflanzt sind. Aus deren Ertrag stellt das Kloster einen Traubensaft her. An jedem zweiten Sonntag im Oktober findet das „Weinlaubenfest" statt, bei dem der Saft vom Jakobsberg zugunsten seines Partnerklosters in Sambia verkauft wird.

KONTAKT

Kloster Jakobsberg
55437 Ockenheim
Tel.: 06725/304-111
Fax: 06725/304-115
mail@klosterjakobsberg.de
www.klosterjakobsberg.de

Kloster Marienrode Benediktinerinnen

ANREISE

Mit der Bahn:
Bis Hildesheim Hauptbahnhof.
Von dort mit der Buslinie 3 bis
Hildesheimer Wald. Dann etwa
15 Minuten Fußweg zum Kloster.

WO LIEGT DAS KLOSTER

Marienrode liegt etwa acht Kilometer
außerhalb von Hildesheim, eingebettet
in die sanften Hügel
der niedersächsischen
Landschaft. Rings um die
Klosteranlage dehnen
sich weite Felder und
Wiesen aus, auf denen
Heidschnucken grasen.
Die Umgebung lädt zum
Wandern und Radfahren
ein. Unterwegs stößt man
auf ausgedehnte Alleen
und eine alte Windmühle.
Zur Klosteranlage gehört
ein kleiner Fischteich,
der bereits von den Zisterziensern angelegt
worden war.
Ausflugsziele in der Nähe sind ein
Aussichtsturm mit Gaststätte und ein
Wildpark. Aber auch ein Besuch der historisch bedeutenden Stadt Hildesheim sollte
auf dem Programm stehen.

Mit dem Auto:
Auf der A 7 Hannover-Kassel die
Abfahrt Hildesheim nehmen. Auf
der B 1 in Richtung Innenstadt
über den Kreisel hinweg. Nach
etwa 2 km die Abfahrt Alfeld,
Seesen, Hildesheim-Ochtersum
nehmen (B 243). Dann an der
2. Ampel rechts ab in Richtung
Neuhof, Marienrode. Nach etwa
2 km beim Hinweisschild Neuhof
links einbiegen und dann die
2. Straße links Richtung Marienrode
nehmen.

EIN BLICK IN DIE GESCHICHTE

Die erste Klostergründung in Marienrode –
damals noch Baccenrode genannt – erfolgte
1125. Der damalige Bischof Berthold von
Hildesheim holte Augustiner in den Sprengel,
die sich um die Seelsorge des Umlandes
kümmern sollten. Aber der Aufenthalt der
Ordensleute war nicht von langer Dauer. Da
ihr Verhalten nicht mehr dem Ordensgeist
entsprach, entließ Bischof Johann von
Hildesheim 1259 die Augustiner und übergab
das Kloster im selben Jahr den Zisterziensern
aus Isenhagen. Sie gaben dem Ort den
Namen Marienrode. Die Zisterzienser leiste-
ten Feldarbeit, legten Sümpfe trocken und
hoben Fischteiche aus.
Als Folge der Reformation stellte
Herzog Erich d. Ä. von Calenberg es den
Zisterziensern frei, sich der „Martinischen
Lehre" zuzuwenden oder katholisch zu bleiben. Die Mönche hielten am katholischen
Bekenntnis fest.
Im 17. und 18. Jahrhundert gelangte das
Kloster zu besonderem Aufschwung. Die
damaligen Äbte nahmen große bauli-
che Veränderungen vor, die barocken
Klostergebäude stammen aus dieser Zeit.
1806 wurde der Konvent als Folge der
Säkularisation aufgehoben und das Kloster bis
1986 als Gutshof genutzt. Die Klosterkirche
diente als Pfarrkirche von Marienrode. Sie
wird auch heute noch entsprechend genutzt.
Auf dem Klosterareal befindet sich aber auch
noch die alte Zisterzienserkirche, die heutige
evangelische Pfarrkirche.
Auf Initiative von Bischof Josef Homeyer von
Hildesheim wurde das Kloster 1988 durch
Schwestern der Benediktinerinnenabtei
St. Hildegard in Eibingen wiederbesiedelt.
1998 wurde es zum selbständigen Priorat
erhoben.

> *"Sei freundlich zu deinem Leib,*
> *damit die Seele Lust hat,*
> *darin zu wohnen"*

DAS SPEZIELLE ANGEBOT

Ein Schwerpunkt des Jahresprogramms von Kloster Marienrode liegt auf der Leibarbeit, nach dem Motto „Sei freundlich zu deinem Leib, damit die Seele Lust hat, darin zu wohnen". Leibliches und Geistliches sollen in den Seminarangeboten als eine Einheit erfahren werden.
Im Rahmen dieser Thematik bieten die Benediktinerinnen Fastenseminare an, die im Schweigen stattfinden.

Im mehrmals pro Jahr stattfindenden Seminar „Schaffet Raum in eurem Leib – damit die Seele darin wohnen mag" lernen die Teilnehmer Rhythmus-, Atem- und Bewegungsabläufe, die es ermöglichen, innere Spannungen zu lösen und zu einem

In „Atem-Seminaren" erfahren die Teilnehmer durch gezielte Übungen die Atembewegungen im ganzen Leib und sollen damit den persönlichen Atemrhythmus finden.
Erfahrungsräume im Spannungsfeld von Ruhe und Bewegung lernt man in Seminaren kennen, die Leibarbeit und Spiritualität miteinander kombinieren. Elemente dieser Veranstaltungen sind Atemarbeit, Methoden der Selbstwahrnehmung und des Spannungsausgleichs.

seelischen Gleichgewicht zu finden.
Die Einführung in das meditative Bogenschießen beinhaltet als erste Schritte Atemarbeit und Spannungsausgleich, bevor die Teilnehmer dann selbst den Bogen in die Hand nehmen.

WEITERE ANGEBOTE FÜR GÄSTE

Die Benediktinerinnen in Marienrode bieten regelmäßig Oasentage an – Tage der Stille und des Gebets.

Mehrmals im Jahr finden auch Einkehrtage statt mit Orientierung an einem biblischen Text, Einzelbesinnung und gemeinsamer Meditation.

Regelmäßig gibt es auch Wochenenden mit sakralen und meditativen Tänzen aus verschiedenen Kulturkreisen.

KONTAKT

Kloster Marienrode
Auf dem Gusthof
31139 Hildesheim
Tel.: 05121/93041-40
Fax: 05121/93041-41
exerzitienhaus@kloster-marienrode.de
www.kloster-marienrode.de

WIE IST MAN UNTERGEBRACHT

Das Exerzitienhaus in Marienrode hat 21 Einzelzimmer mit Dusche/WC. Die Gäste des Klosters erhalten drei Mahlzeiten täglich, auf Wunsch gibt es am Nachmittag auch Kaffee.

Sie können an den Gebetszeiten und Eucharistiefeiern der Benediktinerinnen teilnehmen.

Wer möchte, kann die Ordensfrauen bei der Gartenarbeit unterstützen.

ETWAS BESONDERES

Auf Grund der besonderen Verbindung zum Hildegard-Kloster in Eibingen bieten die Benediktinerinnen in Marienrode in ihrem Klosterladen Produkte der Mutterabtei an, darunter die Weine und Spirituosen aus dem Rheingau sowie das berühmte Dinkelsortiment, unter anderem mit Nudeln, Müsli, Keksen.

Das Kloster verkauft in einem dem Klosterladen angegliederten Buchantiquariat Bestände aus der Klosterbibliothek.

Benediktiner

Abtei Münsterschwarzach

WO LIEGT DAS KLOSTER

Die Abtei ist der Mittelpunkt des kleinen Dörfchens Münsterschwarzach, das von der beeindruckenden Klosterkirche dominiert wird. Wenn man von der Autobahn kommt, fallen die vier imposanten Türme schon von weitem ins Auge. Die Kirche ist Teil des großen Klosterkomplexes, in dem neben dem Wohnbereich für die Mönche das Gästehaus und die verschiedenen Betriebe der Ordensbrüder untergebracht sind. Dazu gehören unter anderem der Vier-Türme-Verlag, die Druckerei Benedict Press mit Buchbinderei, Schreinerei und Spenglerei, Elektro- und KFZ-Werkstatt. Zum Kloster gehört auch das Egbert-Gymnasium. Diese Beispiele zeigen bereits, wie groß das „Unternehmen" Abtei Münsterschwarzach ist. Die meisten Betriebe befinden sich im inneren Bereich des Klosters und sind für den Tagesgast nicht zugänglich. Diesen führt aber der Weg zur Klosterkirche an drei Läden vorbei, in denen Produkte der Abtei verkauft werden. Im Klosterladen findet man hauseigene Brot- und Wurstwaren, der Fair Handel bietet Gegenstände aus den Missionen an, und in der Buch- und Kunsthandlung gibt es ein vielfältiges Angebot an Literatur – nicht nur aus dem hauseigenen Verlag. Darüber hinaus kann man dort auch Schmuck und kirchliches Gerät kaufen, zum Teil aus der zum Kloster gehörenden Goldschmiede.
Nach dem Einkauf kann man auf Wanderwegen die umliegende Landschaft erkunden oder sich im gegenüber der Kirche liegenden Gasthof „Zum Benediktiner" mit lokalen Spezialitäten verwöhnen lassen.

ANREISE

Mit der Bahn:
Bahnhof Würzburg, von dort ab
Busbahnhof, Bussteig 9, mit dem
Bus nach Münsterschwarzach.

Bahnhof Kitzingen, von dort mit
dem Bus nach Münsterschwarzach.

Da die Busse von beiden
Bahnhöfen in der Regel unter der
Woche nur zweimal täglich verkeh-
ren, empfiehlt es sich, ein Taxi zu
nehmen oder einen Shuttle-Service
zu buchen (Tel.: 09324/99903).

Mit dem Auto:
Auf der A 3 Frankfurt/Main–
Nürnberg Ausfahrt Kitzingen/
Schwarzach nehmen. Auf der B 74
weiter Richtung Volkach. Etwa
10 Minuten bis zum Kloster.

EIN BLICK IN DIE GESCHICHTE

Begründet wurde das Kloster bereits 788
durch Benediktinerinnen als Eigenkloster
des karolingischen Herrscherhauses. Die
Äbtissinnen stammten alle aus der kaiserli-
chen Familie. Als die letzte 877 starb, wurde
das Kloster von den Nonnen verlassen.
Benediktiner aus Megingaudshausen im
Landkreis Scheinfeld besiedelten daraufhin das „Kloster an der Schwarzach".
Nach einem Wechsel zwischen Blüte und
Niedergang im Laufe der Jahrhunderte
wurde das Kloster im Bauernkrieg 1525
fast komplett zerstört. Die große Zeit kam
dann erst wieder nach dem Dreißigjährigen
Krieg ab Mitte des 17. Jahrhunderts. In der
Amtszeit von Abt Benedikt Weidenbusch
(1654–1672) begründeten die Ordensleute
sogar eine philosophisch-theologische
Hochschule. Auch baulich wurde das Kloster
in der Barockzeit verändert. Das Torhaus von
1652 ist heute noch erhalten, ebenso Teile
des 1696/97 erbauten Gästehauses, in dem
sich heute die Klausur befindet.
1803 wurde das Kloster im Rahmen der
Säkularisation aufgehoben und verfiel fast
vollständig.
Erst 1913 kamen wieder Mönche nach
Münsterschwarzach. Missionsbenediktiner
von St. Ottilien ließen sich hier nieder. Heute gehören zu der Abtei
Münsterschwarzach 170 Mönche, 50 von
ihnen sind als Missionare in Afrika und
Asien tätig.

DAS SPEZIELLE ANGEBOT

Pater Anselm Grün, Cellerar – also
Geschäftsführer – der Abtei, ist der
prominenteste Ordensmann von
Münsterschwarzach. Er ist auf Grund sei-
ner zahlreichen Buchveröffentlichungen,
Vorträge und Seminare weit über die
Grenzen Deutschlands bekannt.
Im Programm des Gästehauses der Abtei

finden sich zahlreiche Kurse, die von Pater
Anselm geleitet werden. Darunter ein jährlich
stattfindender Heilfastenkurs. Das Besondere
daran ist das Motto, unter dem er steht:
„Fasten und schweigen". In den Tagen der
Einkehr im Kloster verzichtet man nicht nur
auf feste Nahrung, sondern auch aufs Reden.
Es ist ein besonderes Erlebnis, mit Menschen,
die man nicht kennt, Mahlzeiten einzuneh-
men, auf einem Flur zu wohnen, zusammen
zu meditieren, zu lesen, zu beten, ohne ein
Wort mit ihnen zu wechseln. Nach anfäng-
licher Skepsis folgt oft die Erkenntnis, dass
man täglich viel „verbalen Müll" produziert,
um Konversationen in Gang zu halten, die
oft überflüssig sind. Das Schweigen schafft
vielfach Erleichterung.
Die Tage sind strukturiert durch Vorträge
von Pater Anselm, Lesephasen, in denen
man Texte von ihm studiert, gemeinsa-
me Meditationen und Eucharistiefeiern.
Manchmal auch Tänze und Leibesübungen.
Dreimal täglich trifft man sich im Speisesaal,
um Tee zu trinken oder am Mittag eine
Brühe zu sich zu nehmen. Gemeinsam fällt es
leichter, das Einnehmen der in diesen Tagen
kargen Nahrung zu zelebrieren. Wer möchte,
kann an den Gebetszeiten der Mönche teilnehmen.
Der Heilfastenkurs unter der Leitung von
Pater Anselm ist sehr gefragt und sehr rasch
ausgebucht. Daher ist es ratsam, sich früh
anzumelden.

WEITERE ANGEBOTE FÜR GÄSTE

Das Gästehaus in Münsterschwarzach hat
ein sehr umfangreiches Seminarprogramm.
Es gibt beispielsweise einen Block an Veranstaltungen zum Thema „Impulse aus
dem Benediktinischen" – Klosterwochen,
Gebärdenspiele, Analysen der verbalen und
schriftlichen Ausdrucksweise des einzelnen,
Gregorianischer Choral.

Neben Kursen zur Kunst des Ikebana und Einzelexerzitien finden sich einige Veranstaltungen, die ins Auge stechen: „Länger leben – sinnvoll leben" beispielsweise. Hier geht es um die Frage, welchen Sinn der Mensch darin sieht, immer älter zu werden. Oder „Annäherung an den Schutzengel", ein Kurs, in dem die Teilnehmer versuchen, Bezug zur Welt der reinen Geister zu gewinnen. Oder meditatives Kalligrafieren von Texten aus den

Psalmen. Oder „Finde deine Lebensspur" – ebenfalls unter der Leitung von Anselm Grün. An diesem Wochenende geht es darum, seine persönliche Berufung und seine Begabungen aufzudecken.

Für verwaiste Eltern findet ein Kurs statt unter dem Leitspruch „Tod zur Unzeit", und Bewegungshungrige haben ein Angebot „Feldenkrais und Walking".
Dies sind Beispiele für die Vielfalt des Seminarprogramms in Münsterschwarzach. Die Abtei verfügt im übrigen auch über Bildungshäuser in Würzburg und Damme/ Westfalen.

WIE IST MAN UNTERGEBRACHT

Das Gästehaus der Abtei Münsterschwarzach hat einfache, aber zweckmäßig eingerichtete Zimmer, entweder mit Blick zu einem Teil des Klostergartens oder in Richtung Klosterkirche. Es gibt 33 Einzelzimmer mit und 9 Einzelzimmer ohne Dusche/WC, 8 Doppelzimmer mit Dusche/WC und ein Behindertenzimmer mit Nasszelle.
Im Klosterareal gibt es einen Gartenbereich, in dem sich sogar ein Schwimmteich befindet. Dahinter schließen sich Felder an. Der Blick geht von dort weit in die umliegende Landschaft.
Gäste können an den Gebetszeiten und Eucharistiefeiern der Mönche teilnehmen. Im Rahmen des „Klosters auf Zeit" können Gäste auch in Betrieben der Abtei mitarbeiten.
Täglich gibt es drei Mahlzeiten sowie den Nachmittagskaffee.

ETWAS BESONDERES

Ganz versteckt in inneren Bereich des Klosters befindet sich das Atelier von Pater Meinrad Dufner in einer alten Bildhauerwerkstatt aus den dreißiger Jahren. Pater Meinrad ist als Künstler in vielen Sparten tätig. Er fertigt Goldschmiedearbeiten, stellt Keramiken her und arbeitet als Bildhauer. Sein künstlerischer Schwerpunkt ist jedoch die Malerei. Pater Meinrad ist inzwischen so prominent, dass er durch eine Galerie vertreten wird. Es gab bereits zahlreiche Ausstellungen mit Werken von ihm. Auch in einer kleinen Galerie im Kloster kann man im Sommerhalbjahr in der Regel samstags Arbeiten von ihm sehen und erwerben. Wenn Pater Meinrad selbst da ist, lohnt sich eine Unterhaltung mit ihm in jedem Fall. Der temperamentvolle Ordensmann kann zu vielen seiner Arbeiten interessante Geschichten zum Besten geben.

KONTAKT

Benediktinerabtei Münsterschwarzach

97359 Münsterschwarzach
Tel.: 09324/20-0
Fax: 09324/20-205
abtei.muensterschwarzach@ t-online.de

www.abtei-muensterschwarzach.de

Kloster Schlehdorf Missions-Dominikanerinnen

WO LIEGT DAS KLOSTER

Schlehdorf liegt am Kochelsee. Das Kloster ist in die herrliche oberbayerische Landschaft eingebettet. Der imposante Klosterkomplex liegt mitten in den Wiesen und ist schon von weitem sichtbar. Nur wenige profane Häuser sind um die Anlage angesiedelt. Ein Bergpanorama bildet die Kulisse für den Bau mit barocken Elementen. Das landschaftliche Ambiente lädt geradezu dazu ein, Wanderungen und Radtouren zu unternehmen. Im Sommer kann man im Kochelsee und weiteren Seen der näheren Umgebung baden. Im Winter kommen in dieser Region auch Skifahrer auf ihre Kosten, denn Garmisch-Partenkirchen ist nicht weit. Die Ausflugsmöglichkeiten sind vielfältig, unter anderem ins Freilichtmuseum an der Glentleiten.
Sehenswert ist der Klostergarten mit Kräuterbereich, Labyrinth und einem Rosengarten.

ANREISE

Mit der Bahn:
Bahnhöfe Kochel oder Murnau. Von dort gibt es Busverbindungen nach Schlehdorf.

Mit dem Auto:
A 95 München–Garmisch-Partenkirchen. Ausfahrt Großweil/Kochel nehmen. Der beschilderte Weg nach Kochel führt über Schlehdorf.

EIN BLICK IN DIE GESCHICHTE

Im Jahr 2004 feierten die Missions-Dominikanerinnen ihr 100jähriges Bestehen im Kloster Schlehdorf.
1877 verließen Dominikanerinnen des Klosters St. Ursula in Augsburg ihre Heimat Richtung Südafrika, um dort deutsche Siedler zu betreuen. Die Mission auf dem afrikanischen Kontinent benötigte bald weitere Ordensfrauen. Um diese auf ihre Aufgabe vorzubereiten, wurde das damals seit 100 Jahren leerstehende Kloster Schlehdorf 1914 von Dominikanerinnen bezogen. Bis zu Beginn des Ersten Weltkriegs gingen Schwestern von Schlehdorf nach Südafrika. Zwischen 1914 bis Mitte der 1920er Jahre war keine Ausreise möglich. Im Zeitraum von 1925 bis 1984 wurden dann von Schlehdorf 511 Schwestern nach Südafrika und 60 in weitere Missionsgebiete wie Zimbabwe und Lateinamerika gesandt. Im Zweiten Weltkrieg blieb das Kloster von den

Schwestern bewohnt, musste aber Umsiedler aus Bessarabien und Schulkinder aus dem Rheinland aufnehmen. Zeitweise wurden Gebäudeteile auch als Krankenhaus genutzt. Als das Klosterleben nach dem Krieg wieder zur Normalität zurückkehrte, gründeten die Schlehdorfer Schwestern verschiedene Niederlassungen in ganz Deutschland. In Schlehdorf selbst eröffneten die Ordensfrauen 1954 eine Realschule. Deren Träger ist heute die Erzdiözese München-Freising.

Seit ihrer Ansiedlung in Schlehdorf betreiben die Schwestern eine Ökonomie. 1990 übernahm ein Pächter die Landwirtschaft. Die Dominikanerinnen haben sich zu einem Lebensstil der Nachhaltigkeit und Zukunftsfähigkeit verpflichtet. Im Laufe des letzten Jahrzehnts wurde das Kloster umfassend renoviert und umgebaut. Pünktlich zur 100-Jahr-Feier waren diese Arbeiten abgeschlossen.

DAS SPEZIELLE ANGEBOT

Schwester Margit Bauschke ist Feldenkraislehrerin. Was liegt näher, als ins Programm von Kloster Schlehdorf auch Feldenkraisangebote aufzunehmen. Rund ums Jahr gibt es Abend-, Tages- und Wochenendkurse. Dabei geht es darum, sich auf den eigenen Körper einzulassen, Bewegungsabläufe zu beobachten und aufmerksam zu werden auf Bewegungen, die einen einschränken. Dies geschieht, indem die Teilnehmer ihren Bewegungsrhythmus aufmerksam beobachten und versuchen, Blockaden auf den Grund zu gehen. Nach und nach werden diese in verschiedenen Übungen dann abgebaut und der Bewegungsspielraum erweitert. Ziel ist es, sich im Alltag leichter und eleganter zu bewegen.

WEITERE ANGEBOTE FÜR GÄSTE

Die Schwestern bieten auf der Basis des christlichen Glaubens Gesprächsbegleitung an. Sie soll helfen, der Sehnsucht nach Sinn und nach Gott nachzuspüren und das eigene Leben mit allem, was dazu gehört, zur Sprache zu bringen.

Beim „Kloster auf Zeit" können einzelne Frauen, die eine neue Lebensorientierung suchen, für mindestens zwei Wochen mit den Schwestern leben. Etwa fünf Stunden pro Tag sollen sie im Haus oder Gästebereich mitarbeiten. Es besteht auch die Möglichkeit, sich stärker in die Gemeinschaft der Schwestern einzubinden. Für diese Gäste steht ein Zimmer im Schwesternbereich zur Verfügung. Die Ordensfrauen möchten diese Gäste vor Beginn des Aufenthaltes jedoch kennenlernen.

Außerdem im Angebot sind Tage der Ruhe und Erholung. In stiller, klösterlicher Atmosphäre können die Gäste auftanken und zu sich selbst finden. Dabei besteht die Möglichkeit zur Teilnahme am Chorgebet der Schwestern, zum meditativen Tanz, der das Miteinander fördert und der Freude Flügel verleiht, und zu kreativer Bibelarbeit, die ermutigen und Perspektiven schenken soll.

WIE IST MAN UNTERGEBRACHT

Kloster Schlehdorf verfügt über mehrere
Einzel-, Doppel- und ein 3-Bett-Zimmer.
Alle mit Dusche/WC. Von einem Teil der
Räume hat man einen herrlichen Ausblick
auf die Berge oder den Kochelsee.
Die Gäste, die von den Dominikanerinnen
beherbergt werden, werden auch von diesen
verpflegt.
Man kann am Chorgebet der Schwestern
und den Gottesdiensten teilnehmen.

ETWAS BESONDERES

Das Kloster hat einen wunderschönen
Rosengarten mit rund 100 Rosenstöcken.
Es sind alte, zum Teil englische Züchtungen.
Der Rosengarten lädt zum Schlendern
oder Verweilen auf Bänken rings um einen
Springbrunnen ein.

KONTAKT

Missions-Dominikanerinnen
Kirchstr. 9
82444 Schlehdorf am Kochelsee
Tel.: 08851/181-0
Fax: 08851/181-101
margit.bauschke@schlehdorf.org
www.schlehdorf.org

Von Mitte Juli bis Mitte September nehmen
die Ordensfrauen Feriengäste auf, die am
Kochelsee Urlaub machen möchten und eine
Unterkunft mit spirituellem Umfeld schätzen.
Im Klosterladen kann man das „Schlehdorfer
Kochbuch von 1934" erwerben. Es wird seit
jeher von den Dominikanerinnen verlegt
und enthält eine Rezeptsammlung aus dem
Kloster.

Franziskaner-Minoriten

Kloster Schwarzenberg

WO LIEGT DAS KLOSTER

Kloster Schwarzenberg gehört zur fränkischen Gemeinde Scheinfeld und liegt etwa einen Kilometer vom Ortskern entfernt. Im Umkreis von 50 Kilometern befinden sich so berühmte Städte wie Würzburg, Bamberg, Nürnberg oder Rothenburg ob der Tauber. Wer die Ruhe am Ort genießen möchte, dem bietet Scheinfeld Hallen- und Freibad. Die Position inmitten der abwechslungsreichen Landschaft des Steigerwalds bietet dem Klostergast ein ausgedehntes Wanderwegenetz.

Das Kloster selbst hat einen weitläufigen Garten mit Blumenbeeten, Obstbäumen und gemütlichen Sitzecken.

Das Klostergelände ist – bis auf Kirche und Gnadenkapelle – von einer Mauer umgeben. Wer möchte, kann hier also abgeschirmt von der Außenwelt Stille Tage verbringen.

Das imposante Stammschloss der Fürsten von Schwarzenberg liegt etwa 150 Meter vom Kloster entfernt und kann besichtigt werden.

EIN BLICK IN DIE GESCHICHTE

Kloster Schwarzenberg verdankt seinen Standort der Gnadenstätte Maria-Hilf, an der zu Beginn des 17. Jahrhunderts die Gräfin Anna Sibylla von Schwarzenberg die Verehrung der Gottesmutter begründete. Noch heute wird das Gnadenbild in der an die Klosterkirche angebauten Wallfahrtskapelle aus den Jahren 1743/46 verehrt.

1699 wurde bei der damaligen Mariahilfkapelle ein Franziskanerkloster begründet, 1701 der noch heute im Kreuzgang befindliche Grundstein gelegt, 1702 der Südtrakt des Klosters eingeweiht und von den ersten Franziskanern bezogen.

Im Laufe der ersten Hälfte des 18. Jahrhunderts wurde der Klosterbau ausgeweitet, 1735 der noch heute existierende Kirchenbau fertiggestellt.

1807 gingen das Kloster und dessen Besitztümer in den Besitz des bayerischen Königs über. Der Konvent wurde aufgehoben, die Ordensbrüder konnten aber bleiben. 1835/36 wurde die Aufhebung des Konvents auf Wunsch Ludwigs I. jedoch wieder rückgängig gemacht.

1940 bis 1945 war das Kloster von den Nationalsozialisten beschlagnahmt und fungierte als Umsiedlerlager. Zu dieser Zeit lebten nur noch wenige Ordensbrüder im Kloster Schwarzenberg.

Im Juni 1960 zerstörte ein Großfeuer das Klostergebäude bis auf die Außenmauern sowie das Dach der Kirche. Das Gotteshaus wurde im Juni desselben Jahres wiedereröffnet, das neue Kloster – errichtet auf dem alten Grundriss – 1962 eingeweiht.

DAS SPEZIELLE ANGEBOT

Kloster Schwarzenberg bietet eine große Zahl von Fastenseminaren an. Fasten bedeutet hier innehalten und sich besinnen. Seine Lebensgewohnheiten in der Zeit des Verzichts auf feste Nahrung überdenken und seine Entwicklungsmöglichkeiten ausloten. Es gibt Wochenseminare für Fastenneulinge und Fasten für Erfahrene. Für Menschen mit Fastenerfahrung werden vertiefende Seminare angeboten, beispielsweise zum Themenbereich „Fasten und Kreativität", in denen man gestaltet, töpfert,

ANREISE

Mit der Bahn:

Bis Markt Bibart, von dort mit dem Bus nach Scheinfeld oder mit dem Taxi direkt zum Kloster. Gegen Entgelt kann man auch durch Klostermitarbeiter abgeholt werden.

Mit dem Auto:

Auf der A 8 Würzburg Richtung Nürnberg die Ausfahrt Kitzingen nehmen. Dann auf der B 8 Richtung Neustadt/Aisch bis Scheinfeld.

Aus Richtung Nürnberg auf der A 8 Abfahrt Schlüsselfeld. Dann über Breitenlohe, Markt Taschendorf, Frankfurt und Kornhöfstädt zum Kloster Schwarzenberg.

KONTAKT
Kloster Schwarzenberg
Klosterdorf 1
91443 Scheinfeld
Tel.: 09162/928890
Fax: 09162/448
info@kloster-schwarzenberg.de
www.kloster-schwarzenberg.de

malt. Oder „Fasten – Wandern – Tanzen" mit täglichen Wanderungen und meditativem Tanz. Darüber hinaus gibt es Fastenwochen nach Hildegard von Bingen.

WEITERE ANGEBOTE FÜR GÄSTE

Weitere Schwerpunkte des Programms im Kloster Schwarzenberg sind biblische Glaubenseminare, in denen ausgewählte Bibeltexte in Vorträgen und Gruppengesprächen analysiert werden und

WIE IST MAN UNTERGEBRACHT

Kloster Schwarzenberg verfügt über 15 Einzel- und 15 Doppelzimmer mit Nasszellen sowie 5 Einzel- und 9 Doppelzimmer ohne Dusche/WC. Letztere haben dafür einen sehr schönen Ausblick in den Garten.
Drei Mahlzeiten gibt es täglich sowie am Nachmittag Kaffee. Die Gäste können an den Gebetszeiten und Eucharistiefeiern der Ordensbrüder teilnehmen.

ETWAS BESONDERES

Das zum Kloster gehörende Elisabeth-Haus ist für solche Gäste gedacht, die im Kloster Tage der Stille erleben, an den Gebetsstunden teilnehmen und geistliche Gesprächsbegleitung in Anspruch nehmen möchten.

ihre Bedeutung für unser heutiges Leben herausgearbeitet wird.
Zum Themenbereich „Kreativität" findet man eine breite Palette an Angeboten: Malen und Meditation, Kalligraphie, Ikonenmalerei sowie Theater, Musik, Spiel. Wochenendseminare zu großen Werken der Musikgeschichte, beispielsweise die Johannespassion, oder bedeutenden Musikern sind weitere Highlights des Programms.

Das Gebäude ist sehr ruhig am Rand eines Walds gelegen und hat einen eigenen Aufenthalts- und Speiseraum.
15 der oben erwähnten Zimmer befinden sich im Elisabeth-Haus.
Noch etwas anderes Bemerkenswertes gibt es im Kloster: Seit Anfang der 1990er Jahre wird die „Schwarzenberger Passion" aufgeführt. Sie besteht bisher aus drei Bildern. Spielorte der ersten beiden sind im Areal des Schlosses Schwarzenberg, der dritte im Elisabeth-Hof des Klosters. Das Publikum begleitet das Spiel von einer Station zur anderen. Dadurch wird die Passion zu einem lebendigen Schauspiel. Sie wird alle vier Jahre aufgeführt, zuletzt im Jahr 2010.

Erzabtei St. Ottilien

WO LIEGT DAS KLOSTER

Die Erzabtei liegt im oberbayerischen Voralpenland oberhalb des Ammersees unweit der Ortschaft Eresing, mitten in einer sanften Hügellandschaft mit Obstanbau, ausgedehnten Feldern und Waldgebieten. Schon von weitem erkennt man die Türme der imposanten Abteikirche. Sie bildet den Kernpunkt der weitläufigen Klosteranlage. Die zahlreichen Gebäude, die sich anschließen, verdeutlichen sehr anschaulich die vielfältigen unternehmerischen

Aktivitäten der Missionsbenediktiner. Auf dem Gelände befinden sich ein Gymnasium mit Internat und Tagesheim, Gärtnerei und Landwirtschaft, eine Gaststätte, Handwerksbetriebe und der EOS-Verlag mit Druckhaus. Im Klosterladen findet man neben den hauseigenen Publikationen ein reichhaltiges Sortiment an Büchern und Kunsthandwerk aus der Dritten Welt. Im Obergeschoss befindet sich die Galerie St. Ottilien, die wechselnde Ausstellungen präsentiert.

Im Hofladen kann man von den Mönchen selbst produzierte Lebensmittel erwerben: Käse, Wurst, Nudeln und Likör beispielsweise. Rings um das Kloster gibt es ein ausgedehntes Wanderwegenetz.

EIN BLICK IN DIE GESCHICHTE

1884 gründete der Beuroner Benediktinermönch Andreas Amrhein eine Ordensgemeinschaft, die sich zunächst in Reichenbach in der Oberpfalz ansiedelte. Bereits drei Jahre später zogen die Mönche nach Emming in Oberbayern um. Dort befand sich eine kleine, der hl. Ottilia geweihte Kapelle. Nach ihr wurde das Kloster benannt.

Die Ordensgemeinschaft wuchs rasch. 1902 erhielt St. Ottilien den Rang einer Abtei. 1914 – nach Gründung dreier weiterer Abteien an anderen Orten – wurde es Erzabtei. 1941 hob die Gestapo das Kloster auf und vertrieb die Mönche. Erst nach Kriegsende 1945 kamen die ersten Ordensbrüder wieder nach St. Ottilien zurück.

Von Anfang an waren die Benediktiner von St. Ottilien missionarisch tätig. Schon 1897 reisten die ersten Mönche nach Ostafrika. In den ersten drei Jahrzehnten des 20. Jahrhunderts gründeten sie Missionen in Südafrika, Korea und China. Heute gehören weltweit 20 Klöster mit rund 1100 Mönchen zur Kongregation der Missionsbenediktiner von St. Ottilien. Neben Ost- und Südafrika sind sie in Lateinamerika, Indien und auf den Philippinen tätig. Das Verwaltungszentrum für diese Niederlassungen in Übersee, die sogenannte Missionsprokura, befindet sich ebenfalls auf dem Gelände der Erzabtei.

DAS SPEZIELLE ANGEBOT

„Viele Wege führen zu Gott – einer geht über die Berge" war das Motto einer 7tägigen Bergwanderung, die Pater Remigius Rudmann mit einer Gruppe von Gästen im Großen Walsertal durchführte. Wanderwochen mit biblischen Impulsen gehören traditionell zum Angebot des Exerzitienhauses der Erzabtei. Sie sind entstanden aus Tageswallfahrten in die nähere Umgebung des Klosters. Aus einem Tag wurden mehrere. Und zu den Zielen im Umland kamen solche in anderen deutschen Gebieten und im europäischen Ausland hinzu. Das Weinviertel beispielsweise, der Jakobsweg, die Toskana oder Südfrankreich. Auch außerhalb Europas, unter anderem auf dem Sinai und in Jordanien, waren Mönche von St. Ottilien bereits mit Gästen unterwegs. Die Regionen wechseln von Jahr zu Jahr. Start ist jedoch immer in St. Ottilien selbst. Hier trifft man sich und reist mit Bus, Bahn oder Flugzeug gemeinsam zum Ausgangspunkt der Wanderwoche. Bei den Bergtouren mit Pater Remigius übernachtet man in der Regel in einer Hütte, verpflegt sich selbst und unternimmt Tagestouren. Nur das Abendessen wird im Restaurant eingenommen. Bei anderen Zielen nächtigt und isst man in Pilgerhäusern und Klöstern und wechselt die Herberge unter Umständen mehrmals im Verlauf der Reise. Die Gruppen bestehen meist aus rund 20 Personen.

Der Tag beginnt in der Regel mit einem biblischen Gedanken. Dann geht man los. Im Verlauf der Tageswanderung macht man immer wieder Pausen, liest in der Bibel und spricht über die Passagen. Es wird gemeinsam meditiert und auch gesungen. Wenn der Ort es erlaubt, wird unterwegs auch eine kleine Eucharistiefeier gehalten. „Je nach Örtlichkeit sind das richtige Berg- oder Seemessen", sagt Pater Remigius.

ANREISE

Mit der Bahn:
Bahnhöfe in St. Ottilien selbst – der Bau neben dem Klosterareal ist sehenswert – oder in Geltendorf. Von Geltendorf gibt es Taxis oder einen 20minütigen Fußweg zum Kloster.

Mit dem Auto:
Von München kommend auf der A 96 Richtung Lindau bis zur Ausfahrt Windach. Von dort der Beschilderung nach St. Ottilien folgen.

Aus Richtung Lindau auf der A 96 bis zur Ausfahrt Schöffelding. Anschließend der Beschilderung zur Abtei St. Ottilien folgen.

KONTAKT

Exerzitienhaus
86941 St. Ottilien
Tel.: 08193/71-600
Fax: 08193/71-609
exhaus@ottilien.de
www.erzabtei.de

WEITERE ANGEBOTE FÜR GÄSTE

In St. Ottilien finden seit vielen Jahren Qi-Gong-Kurse statt, die mit Meditationen kombiniert werden. Seit vielen Jahren kommen immer wieder buddhistische Mönche für einige Tage oder Wochen nach St. Ottilien. Und einzelne Ordensbrüder aus der Erzabtei reisen regelmäßig nach Japan. Durch diesen Austausch ist dieses spezielle Angebot für Gäste entstanden.

Darüber hinaus gibt es beispielsweise Meditatives Blumenstecken, Tanzwochenenden, Exerzitien, Meditationstage und Beziehungstage für Paare.

Die Gäste können an den Gebetsstunden der Mönche teilnehmen.

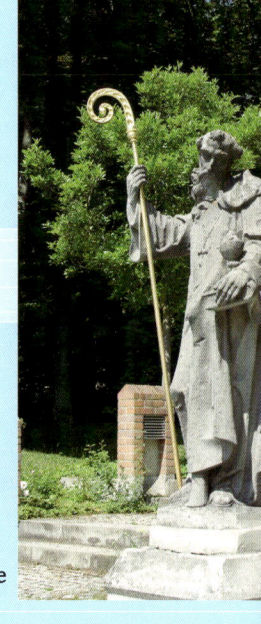

ETWAS BESONDERES

In einem Jugendstilgebäude neben der Kirche ist ein Missionsmuseum untergebracht, das bereits 1911 begründet wurde. Es enthält eine Sammlung von Spezies der ostafrikanischen Tierwelt, die größtenteils von Missionaren für die Ausstellung präpariert wurden.

WIE IST MAN UNTERGEBRACHT

Die Erzabtei St. Ottilien verfügt über ein Gästehaus, in dem Menschen untergebracht sind, die Stille Tage im Kloster verbringen und nicht an einem speziellen Programm teilnehmen möchten. Dieses Gebäude verfügt über 18 Einzel- und 4 Doppelzimmer mit Dusche und WC. Im Exerzitienhaus wohnen die

Daneben beherbergt das Museum eine völkerkundliche Sammlung mit zum Teil kuriosen Alltagsgegenständen, Kultobjekten und Musikinstrumenten. Eine kleine Missionsgeschichte erzählen Dokumentationen von Ordensleuten, die in Missionsgebieten tätig waren und auch dort verstarben. Interessant ist neben den Exponaten die – inzwischen teilweise auch fast historisch zu nennende – Präsentationsform.

Gäste, die ein spezielles Angebot gebucht haben. Dort befinden sich 20 Einzel- und 25 Doppelzimmer und 3 Mehrbettzimmer mit Dusche/WC.
Für die Gäste beider Häuser werden drei Mahlzeiten täglich sowie am Nachmittag Kaffee oder Tee angeboten.

Kloster Benediktbeuern

Salesianer Don Boscos

WO LIEGT DAS KLOSTER

Benediktbeuern liegt in der wunderschönen Voralpenlandschaft des Tölzer Lands am Fuße der 1801 Meter hohen Benediktenwand. Ringsum sind ausgedehnte Moorgebiete mit zahlreichen Wanderwegen und einem Naturerlebnispfad, der direkt beim Kloster beginnt. An der Loisach entlang geht es auf ebenen Wegen in die Umgebung, beispielsweise nach Bichl, zur Reindlschmiede oder nach Bad Heilbrunn. Hier ist also sowohl für Bergsteiger als auch für Wanderer oder Radfahrer einiges geboten. Im Sommer kann man in den umliegenden Moorseen oder auch im nahen Kochelsee baden.
Wer einen kleinen Bummel vorzieht, der kann Bad Tölz mit seiner reizvollen Fußgängerzone besuchen.
Es lohnt sich aber auch in jedem Fall ein Spaziergang auf dem Klosterareal selbst. Neben der Klostergaststätte und dem Klosterladen gibt es einen kleinen Kräutergarten, einen sehenswerten Friedhof und natürlich die Klosterkirche, in der regelmäßig Führungen angeboten werden.

ANREISE

Mit der Bahn:
München Hauptbahnhof. Von dort mit dem Zug Richtung Kochel bis Benediktbeuern. Dann zu Fuß zum Kloster.

Mit dem Auto:
Auf der A 95 München-Garmisch bis Ausfahrt Sindelsdorf. Dann der Beschilderung Kochel-Benediktbeuern folgen.

EIN BLICK IN DIE GESCHICHTE

Das Kloster Benediktbeuern wurde um 739 unter Mitwirkung des hl. Bonifatius gegründet. 955 zerstörten Magyaren das Kloster, 1031 wurde es dann erneut durch Benediktiner aus dem Kloster Tegernsee besiedelt. Die Mönche widmeten sich der Geschichtsschreibung und botanischen Forschungen. 1698 eröffneten sie eine Hochschule.

1803 wurde das Kloster im Rahmen der Säkularisation aufgelöst. 1818 übernahm der bayerische Staat die Klostergebäude und betrieb dort erst Pferdezucht und nutzte die Räumlichkeiten später als Invalidenheim und Genesungskrankenhaus für Soldaten des Ersten Weltkriegs.

1930 erwarben die Salesianer Don Boscos die Klosteranlage Benediktbeuern. Bereits im Folgejahr gründeten sie hier eine Philosophisch-Theologische Hochschule. Während des Zweiten Weltkriegs wurde die Ordensniederlassung durch die Nationalsozialisten stark beeinträchtigt. Erst 1945 konnte eine neue Entfaltung erfolgen. 1967 gründeten die Ordensleute ein Jugendleiterseminar, das ein Jahr später in die „Höhere Fachhochschule für Sozialpädagogik" umgewandelt wurde.

1989 erfolgte die Errichtung des Zentrums für Umwelt und Kultur im ehemaligen Meierhof des Klosters.

1992 wurde die Philosophisch-Theologische Hochschule zur Theologischen Fakultät mit Promotionsrecht erhoben.

DAS SPEZIELLE ANGEBOT

Hauptaufgabe der Salesianer Don Boscos ist die Jugendarbeit. In einem Trakt des Klosters ist daher eine Jugendherberge mit 177 Betten untergebracht. An den beiden Hochschulen des Ordens studieren rund 600 junge Leute, die teilweise auch im Klosterareal wohnen. Und schließlich gibt es ein Jugendprogramm des Zentrums für Umwelt und Kultur (ZUK). Das Kloster ist also immer durch Kinder, Jugendliche und Studenten belebt.

Das ZUK bietet aber auch Erwachsenen eine vielfältige Palette an Veranstaltungen. Ein umfangreicher Teil beschäftigt sich logischerweise mit dem Thema Umwelt. Fachleute, darunter Kräuterpädagoginnen, bieten Heilkräuterführungen an, und in Workshops lernt man, Kräuterkosmetik her-

zustellen. Die Kräuterpädagoginnen aus dem Tölzer Land haben im Frühjahr 2006 in einem Trakt des Meierhofs einen Laden eröffnet, in dem man ihre Kräuterspezialitäten – wie Käse, Wurst, Brot, Honig oder Marmeladen – verkosten oder auch Kräuterprodukte mit nach Hause nehmen kann. Da gibt es Seifen, Kräuterkissen, Geschenkkörbe mit Kräuterprodukten und vieles mehr.

Gartenfreunde können in Benediktbeuern lernen, wie sie ihren eigenen Garten gestalten oder ihre Obstbäume beschneiden können.

Regelmäßig gibt es geführte Rundgänge durch die das Kloster umgebenden Moorgebiete mit Vogelbeobachtung.

KONTAKT

Kloster Benediktbeuern
Salesianer Don Boscos
Don-Bosco-Str. 1
83671 Benediktbeuern
Tel.: 08857/881-95
Fax: 08857/881-39
gaestehaus@kloster-
benediktbeuern.de
www.kloster-benediktbeuern.de

WEITERE ANGEBOTE FÜR GÄSTE

Im ZUK finden regelmäßig Vorträge und Foren zu vielfältigen Themenbereichen statt. Um ein wenig die Bandbreite zu demonstrieren, seien hier Veranstaltungen zu schöpfungstheologischen Fragen oder auch zum Thema „Geld und Gewissen" als Beispiele erwähnt.

Kulturfreunde führt es immer wieder nach Benediktbeuern, denn hier gibt es zahlreiche Ausstellungen, Konzerte und Opernaufführungen. Unter anderem wird

sowie 10 Einzel- und 4 Doppelzimmer mit Etagendusche. Frühstücksbuffet ist im Preis inbegriffen, wer möchte, kann auch hier Halb- oder Vollpension buchen.

Die Gäste sind willkommen zu den Gebetszeiten sowie zu den Eucharistiefeiern der Salesianer.

ETWAS BESONDERES

Dass die Salesianer ihre Hauptaufgabe in der Betreuung von Kindern und Jugendlichen sehen, spiegelt sich auch in einem speziell

hier Mozarts „Zauberflöte" präsentiert. Regelmäßig treten in Benediktbeuern auch Rockgrößen auf.

Weithin bekannt sind im übrigen die jährlich im Innenhof des Meierhofs stattfindenden Aufführungen der „Carmina Burana".

WIE IST MAN UNTERGEBRACHT

Im ZUK selbst gibt es einen Trakt für Selbstversorger, in dem beispielsweise Familien untergebracht werden können. Es gibt darüber hinaus 17 Doppel- und 1 Einzelzimmer, jeweils mit Dusche/WC. Die Gäste erhalten Frühstück, sie können auf Wunsch Halb- oder Vollpension buchen und werden dann durch das Kloster versorgt. Im Kloster selbst gibt es ein weiteres Einzel- und 10 Doppelzimmer mit Dusche/WC

an diese Zielgruppe gerichteten Programm wider. Es gibt regelmäßig Theaterkurse für Kinder. Auf Tümpelsafaris lernen sie kennen, was draußen kreucht und fleucht, und in speziell dafür eingerichteten Räumen des ZUK können sie zum Beispiel chemische Versuche durchführen oder mit dem Mikroskop arbeiten.

Benediktinerinnen

Abtei zur Heiligen Maria in Fulda

EIN BLICK IN DIE GESCHICHTE

Die benediktinische Tradition geht in Fulda zurück auf das Jahr 744, als dort im Auftrag des hl. Bonifatius ein Männerkloster gegründet wurde.

Grundsteinlegung für die noch heute existierenden Bauten des Frauenklosters und der Kirche war 1626. 1631 zog der Konvent in das Kloster ein, 1678 wurde die Klosterkirche eingeweiht.

1802 konnte das Nonnenkloster – trotz Säkularisation – bestehenbleiben unter der Auflage, eine Mädchenschule zu übernehmen. 1875 musste die Gemeinschaft als Folge des preußischen Kulturkampfs für 12 Jahre ins Exil nach Frankreich. 1898 erfolgte die Erhebung des Klosters zur Abtei durch Papst Leo XIII.

Im Ersten Weltkrieg waren die Benediktinerinnen für drei Lazarette Fuldas tätig. Sie übernahmen die Reinigung und Instandhaltung der kompletten Wäsche und fertigten Verbandsmaterial an. Im Zweiten Weltkrieg erlitten zwar Kirchendach und Fenster Schäden, aber die von der Gestapo 1941 geplante Vertreibung des Konvents konnte die damalige Äbtissin Maura Lilia verhindern. Sie, die von 1939 bis 1977 an der Spitze der Abtei stand, war es auch, welche die Künstlerin Sr. Lioba Munz förderte. Letztere schuf unter anderem den aus Emaille bestehenden Hochaltar, Seitenaltäre und Leuchter für die Abteikirche.

WO LIEGT DAS KLOSTER

Das Besondere an der Abtei ist die zentrale Lage in der Innenstadt Fuldas. Dies war bereits bei der Gründung des Klosters so. Der Ostteil der Klostermauer ist identisch mit der Fuldaer Stadtmauer.

Man hat hier also die Möglichkeit, mitten im städtischen Trubel eine Oase der Stille zu finden. Eine Terrasse am Klosterladen mit Blick in den Garten lädt zum Verweilen ein. Er ist integriert in den Gartenkulturpfad der Stadt Fulda.

ANREISE

Mit der Bahn:
Bahnhof Fulda. Dann zu Fuß Richtung Innenstadt bis Universitätsplatz. Die Gasse rechts immer an der Klostermauer entlang zum Klosterladen, dann kleine Gasse rechts ab. Links ist das Gästehaus.

Mit dem Auto:
Auf der A 7 Abfahrt Fulda-Nord, Richtung Innenstadt/Dom, unter der Bahn durch, danach links einordnen – Richtung Paulustor. Am Dom vorbei, in die Fußgängerzone hinein bis zur Stadtpfarrkirche. Direkt davor links abbiegen. An der Klostermauer entlang bis zum Klosterladen. Die Einfahrt rechts nehmen.

DAS SPEZIELLE ANGEBOT

Im Kursprogramm der Ordensfrauen liegt der Schwerpunkt auf der Einzelseelsorge und der benediktinischen Spiritualität. Hierzu gibt es Gesprächskreise, Kontemplationswochenenden und Meditationsgruppen.

Schwester Christa Weinrich macht regelmäßig Führungen durch den Klostergarten und hält Vorträge über den naturgemäßen Anbau von Kräutern und deren Verwendung.

Gäste können hier im Kloster auch Tage der

Stille verbringen und auf Wunsch geistliche Begleitung erhalten.

WIE IST MAN UNTERGEBRACHT

Das Gästehaus des Klosters befindet sich direkt gegenüber der Klosterpforte und wurde 2004 komplett renoviert. Die 4 Einzel-

und 3 Doppelzimmer haben Etagendusche. Für die Gäste gibt es einen eigenen Garten. Täglich gibt es drei Mahlzeiten sowie Kaffee am Nachmittag. Die Gäste essen in einem eigenen Refektorium im Gästehaus. Gäste des Klosters können an den Stundengebeten und der Eucharistiefeier der Benediktinerinnen teilnehmen.

ETWAS BESONDERES

Die Abtei zur Hl. Maria hat sich im biologischen Gartenbau einen Namen gemacht. Viele Besucher kommen allein aus diesem Grund ins Kloster. Die Hausgäste dürfen im etwa 2.000 Quadratmeter großen Areal mitarbeiten und können so ganz nebenbei auch

Studenten und Auszubildende der entsprechenden Berufe können im Kloster ein anerkanntes Praktikum absolvieren. Schwester Christa ist die Chefin des Gartens. Sie veröffentlicht auch dreimal jährlich die Zeitschrift „Winke für den Biogärtner". Im Klosterladen, für dessen Gestaltung die Abtei und das Architekturbüro 2002 übrigens den deutschen Innenarchitekturpreis erhielten, gibt es das sehr gefragte

KONTAKT

Benediktinerinnenabtei
zur Hl. Maria

Nonnengasse 16
36037 Fulda
Tel.: 0661/90245-0
Fax: 0661/90245-45
info@abtei-fulda.de
www.abtei-fulda.de

noch etwas über naturgemäßen Gartenbau lernen. Hier sind alle Elemente eines Zier- und Nutzgartens vereint, darunter Laubengänge, stille Sitzplätze, Folien- und Gewächshaus, ein historischer Kräutergarten, der dem Hortus des Walafrid Strabo – zwischen 838 und 849 Abt des Klosters auf der Bodenseeinsel Reichenau – nachgebildet ist. Außerdem gibt es einen kleinen Bauerngarten, der sich ebenfalls an der Gestaltung historischer Klostergärten orientiert.

Pflanzenmittel „Humofix", das zur Kompostgewinnung und als Blumendünger eingesetzt werden kann. Es wird im Kloster hergestellt. Außerdem erhält man dort auch klostereigene Liköre und weitere Produkte aus dem Klostergarten sowie kleine Intarsienarbeiten aus der klostereigenen Holzwerkstatt.

Kloster Roggenburg Prämonstratenser

WO LIEGT DAS KLOSTER

ANREISE

Mit der Bahn:
Bahnhöfe Ulm, Günzburg oder Illertissen. Von Ulm gibt es einen Bus nach Roggenburg. Kommt man an den beiden anderen Bahnhöfen an, empfiehlt es sich, vorher mit dem Kloster die Abholung am Bahnhof zu vereinbaren.

Das Prämonstratenserkloster Roggenburg liegt in Bayerisch-Schwaben zwischen Illertissen, Krumbach und Günzburg im Landkreis Neu-Ulm. Hier führt die Schwäbische Barockstraße vorbei. Die beeindruckende Klosteranlage thront auf der höchsten Erhebung des Landkreises oberhalb des Flüßchens Biber, das in den seit der Barockzeit existierenden Klosterweiher fließt. Der ist in etwa 15minütigem Fußweg vom Kloster aus zu erreichen und lädt im Sommer zum Baden und zu Bootstouren ein. Das Dörfchen Roggenburg besteht im wesentlichen aus einer Ansiedlung von ehemaligen Bedienstetenhäusern

Mit dem Auto:
Auf der A 8 Ausfahrt Günzburg. Weiter auf der B 16 nach Ichenhausen. Von dort Richtung Heubelsburg bis nach Ellzee und weiter nach Stoffenried. Von dort nach Schießen und weiter Richtung Schleebuch. Auf dem Weg liegt Roggenburg.

des Klosters. Rings um das geschlossene Klosterareal sind Waldgebiete und Felder. Hier befindet man sich also mitten in der Natur mit einem entsprechenden Angebot an Wanderwegen. Einer davon ist durch eine Initiative von Jugendlichen entstanden und führt rund um die Klosteranlage, vorbei am Klosterweiher und der Wallfahrtskapelle am Wannenberg. Auch zahlreiche Radwege gibt es in der Umgebung.

Gäste sind hier weitab vom Lärm und den Angeboten einer Großstadt untergebracht, haben aber dennoch eine Palette an Beschäftigungsmöglichkeiten während ihres Aufenthalts. Angefangen von einem Grillplatz mit Freisitz, einem Kinderspielplatz, einem Waldpavillon, dem Klostergasthof mit Biergarten und dem Klosterladen bis hin

zu einem Internetcafé. Außerdem sind das Legoland in Günzburg und das Ravensburger Spieleland nicht weit. Und sollte das Wetter mal nicht so schön sein, gibt es in Neu-Ulm und Illertissen Erlebnisbäder.

EIN BLICK IN DIE GESCHICHTE

Das Prämonstratenserkloster Roggenburg

wurde 1126 gegründet und entwickelte sich schnell zu einem bedeutenden geistlichen Zentrum in dieser Region. In seiner Blütezeit umfaßte das Reichsstift Roggenburg 18 Dörfer. Mit der Säkularisation ging diese Zeit zu Ende. 1802 mussten die Mönche das Kloster verlassen.
Erst 1982 wurde der Konvent wieder durch die Prämonstratenser besiedelt.

DAS SPEZIELLE ANGEBOT

Das zum Kloster gehörende Bildungszentrum für Familie, Umwelt und Kultur hat ein sehr breit gefächertes und umfangreiches Angebot an Veranstaltungen. Mehrmals pro Woche gibt es dort Kurse, Vorträge und Führungen. Wie der Name des Zentrums bereits vermuten lässt, liegt ein Schwerpunkt

des Angebots auf der Umweltbildung. Im Klostergarten mit angegliedertem Kräutergarten finden unter anderem Kurse statt, die in Theorie und Praxis gärtnerische Grundlagen vermitteln. Dann gibt es Kräuterkochkurse, auch für Kinder, Seminare, die sich mit der Heilwirkung von Kräutern befassen, und Kreativangebote wie Blumen- und Kräuterbuschen binden. Sogar das Schnitzen mit der Motorsäge kann man hier lernen. Im Rahmen von Bienen-Familien-Nachmittagen lernt man alles über die Aufzucht und Haltung von Bienen sowie über die Honigproduktion.

Ein weiterer Schwerpunkt des Programms sind ein- oder mehrtägige Kunstworkshops. Die Bandbreite der Angebote reicht von Filz-, Keramik-, Kalligraphie- über Aquarell-, Schrott- und Holzkunst- bis hin zu Fotografie- und Tanzkursen. Hier dürfte für jeden Geschmack etwas dabei sein.

WEITERE ANGEBOTE FÜR GÄSTE

Speziell für Familien gibt es jeden
2. Sonntag im Monat Umwelt-Nachmittage
im Walderlebniszentrum. Dann sind
Vogelexkursionen, Knospenwanderungen,
Ausflügen zu Streuobstwiesen oder
Gewässeruntersuchungen angesagt.
Regelmäßig finden auch Familienwoch-
enden statt, Wohlfühltage für Mutter und
Kind beispielsweise oder Oasentage, also
Tage, die Abstand vom normalen Alltagsstress
bieten.

ETWAS BESONDERES

Der Klostergasthof bietet etwa einmal im
Monat ein Candle-Light-Dinner an. Das wäre
an sich nichts Außergewöhnliches, wenn
da nicht hin und wieder ein spezieller Gast
dabei wäre: Pater Gilbert unternimmt mit
den Gästen während der Menues Weinreisen
in europäische Regionen. Dabei gibt es nur
Klosterweine, denn der Ordensmann hat die
größte Vinothek mit Klosterweinen in ganz
Bayern zusammengestellt.

KONTAKT

Kloster Roggenburg
Klosterstr. 5
89297 Roggenburg
Tel.: 07300/96110
Fax: 07300/9600933
zentrum@kloster-roggenburg.de
www.kloster-roggenburg.de

WIE IST MAN UNTERGEBRACHT

Im Bildungszentrum des Klosters gibt es
55 Zimmer für maximal 120 Personen.
Sie können als Einzel-, Doppel- oder
Familienzimmer genutzt werden. Acht dieser
Räume sind behindertengerecht, alle haben
Dusche und WC.
Die Gäste erhalten drei Mahlzeiten als
Buffet täglich sowie Kaffee am Nachmittag.
Alle Gäste, auch solche, die nicht im Haus
wohnen, können an den Gebetszeiten und
den Eucharistiefeiern der Mönche teilneh-
men, die im Sommer in der Kirche,
im Winter im Kapitelsaal stattfinden.
Im angrenzenden Klostergasthof gibt es
weitere 16 Doppelzimmer.

Ein Erlebnis nicht nur für die großen Gäste
des Klosters sind die Nachtwanderungen –
Mond und Sterne beobachten, Geräuschen
nachgehen und sich schließlich beim
Lagerfeuer treffen ist für jede Altersklasse
spannend.
Der zum Kloster gehörende Löschteich ist
inzwischen Goldfisch-Eldorado. Nicht nur
in natura, sondern selbst auf der Homepage
des Klosters im Internet kann man die Fische
füttern.
Für die kulturelle Bildung sorgt ein
Besuch im Klostermuseum gleich neben
dem Kirchenportal. Und Musikliebhaber
schätzen die regelmäßig stattfindenden
Klosterkonzerte.

Querverweise

Neben den Angebotsschwerpunkten, denen die Klöster in diesem Band zugeordnet wurden, bieten viele Ordenshäuser auch weitere Kurse und Seminare an. In den Einzeltexten wird darauf auch speziell eingegangen.

Angebote zum Themenbereich „Lebenshilfe/Lebensorientierung" auch in:
Kloster Arenberg
Kloster Birkenwerder
Abtei Münsterschwarzach
Abtei Waldsassen

Angebote zum Themenbereich „Meditation/Besinnung/Kontemplation" auch in:
Kloster Bernried
Abtei Engelthal
Abtei Frauenwörth im Chiemsee
Abtei zur Heiligen Maria in Fulda
Abtei Gerleve
Abtei Königsmünster
Abtei Plankstetten
Institut St. Dominikus in Speyer
Abtei Unserer Lieben Frau Varensell

Angebote zum Themenbereich „Meditation und Kreativangebote" auch in:
Kloster Birkenwerder
Kloster Jakobsberg
Abtei Königsmünster
Abtei St. Ottilien

Angebote zum Themenbereich „Kreativität" auch in:
Kloster Arenberg
Kloster Bernried
Abtei Himmerod
Kloster Jakobsberg
Kloster Kirchberg
Abtei Niederaltaich
Abtei Plankstetten
Kloster Roggenburg
Kloster Schwarzenberg
Abtei St. Gertrud Alexanderdorf
Kloster Untermarchtal
Abtei Waldsassen

Angebote zum Themenbereich „Christliche Spiritualität/Glaubensorientierung/Bibelreflexion" auch in:
Kloster Andechs
Erzabtei Beuron
Kloster Birkenwerder
Abtei Gerleve
Abtei Kornelimünster
Abtei Mariendonk
Kloster Marienrode
Abtei Münsterschwarzach
Abtei Neresheim
Kloster Oberzell
Kloster Schwarzenberg
Abtei St. Hildegard in Rüdesheim
Abtei St. Gertrud Alexanderdorf

Angebote zum Themenbereich „Körper und Seele" auch in:
Abtei Frauenwörth im Chiemsee
Kloster Kirchberg
Abtei Neresheim
Kloster Oberschönenfeld
Kloster Oberzell

Angebote zum Themenbereich „Umwelt/Natur/Gartenkultur" auch in:
Kloster Arenberg
Abtei Frauenwörth im Chiemsee
Communität Gnadenthal
Kloster Schlehdorf

Seminare zur Trauerarbeit werden angeboten in:
Abtei Gerleve
Abtei Königsmünster
Abtei Neresheim
Kloster Untermarchtal

Klöster, die sich besonders der Jugendarbeit widmen:
Kloster Benediktbeuern
Abtei Plankstetten
Kloster Untermarchtal

Bildnachweise

S. 12, 13, 23, 36, 37, 38, 39, 54, 55, 64, 76, 77, 93, 104, 105, 106, 118, 134, 135, 156 und 157 MEV;
S. 16, 17, 19, 61–63, 94–95, 102, 153–155 und 164–166 uv media werbeagentur, Mediengruppe Sankt Ulrich Verlag, Augsburg;
S. 27–29 Präsenz Kunst & Buch Gnadenthal – 65597 Hünfelden (www.praesenz-verlag.de);
S. 43–45 Aufnahmen Bouillon und CCR;
S. 63 Archiv der Abtei Neresheim; S. 87–89 Fotos Dirk Nothoff, Gütersloh; S. 98–99 Fiedler & Braumandl Werbestudio & Verlags GmbH;
S. 117 ars liturgica Buch- und Kunstverlag Maria Laach/Lechtape; S. 119–121 Benediktinerabtei zum Heiligen Kreuz, Scheyern; S. 139–141 Gratze GmbH, Fotostudio, Essen-Kray, und Kloster Jakobsberg; S. 142–144 Sr. Elija Bleher und Dieter Mendzigall; S. 145–147 Abtei Münsterschwarzach, Schweinfurter Str. 40, 97359 Münsterschwarzach. Kein Abdruck ohne Erlaubnis; S. 158–160 Hermann Kuhn, Benediktbeuern; S. 161–162 Gesamtansicht und Innenaufnahme: Arnulf Müller, Poppenhausen; S. 162–163 Kreuzgang und Gemüsegarten: Birgit Goldberg, Bad Honnef. Alle anderen Bilder mit freundlicher Genehmigung.

Literaturvorschläge – eine kleine Auswahl

• Die Regel des heiligen Benedikt, Beuron 1990
• Altmann, Petra / Lechner, Odilo, Leben nach Maß – Die Regel des hl. Benedikt für Menschen von heute, Freiburg 2009

Weitere Bücher zum monastischen Themenkreis und Informationen unter www.dr-petra-altmann.de

Adressen

Die Vereinigung der Ordensobern verfügt über ein Adressverzeichnis deutscher Klöster, die Gäste aufnehmen. Es ist zu beziehen über:
Generalsekretariat der Ordensobernvereinigung
Haus der Orden
Wittelsbacherring 9
53115 Bonn
Tel.: 0228/68449-0
Fax: 0228/68449-44
Entsprechende Informationen gibt es auch im Internet unter: www.orden.de

HINWEIS

Die Angaben und Vorschläge in diesem Buch sind von Autorin und Verlag sorgfältig ausgewählt und geprüft worden, dennoch kann eine Garantie nicht übernommen werden. Eine Haftung der Autorin bzw. des Verlags und deren Beauftragten für Personen-, Sach- und Vermögensschäden ist ausgeschlossen.

Außerdem im Sankt Ulrich Verlag erschienen:

Peter Dermühl / Michael Westermann
DIE SCHÖNSTEN WALLFAHRTSORTE
Kraftquellen in Bayern, Böhmen, Österreich und Südtirol
ISBN 978-3-86744-009-7
gebunden, 176 Seiten

Petra Altmann
ABSTAND VOM ALLTAG
Drei Tage Kloster zu Hause
ISBN 978-3-86744-169-8
broschiert, 160 Seiten